Uwe Stöss

Jeder Schmied hat auch mal Glück

Eulenspiegel Verlag

Inhalt

Das Konzert

»Ich habe Karten fürs Konzert«, sagte meine Frau.
»Lass mich raten. Neil Young, die Stones, Grönemeyer ...«
»Nein«, sagte sie, »das Gewandhausorchester spielt Mendelssohn, Schubert und Mahler.«
»Wen?«
»Mendelssohn, Schubert und Mahler.«
»Singen die?«
»Das sind klassische Komponisten.«
»Wann denn?«
»Am Sonntag.«
»Diesen Sonntag? Der ist ja morgen. Wie lange soll das gehen?«
»Zwei, drei Stunden.«
»Ach, so lange.«
»Warum bist du plötzlich so kleinlaut?«, fragte sie.
Mir hat's die Sprache verschlagen, so plötzlich, schon am Sonntag, also morgen.
»Achtzehn Uhr auf dem Johannisfriedhof.«
»Auf dem Friedhof?«
»Auf dem Friedhof.«
Ich fragte, was wäre, wenn es regnen würde, doch sie sagte, das Orchester sei überdacht.
»Da bin ich aber beruhigt«, sagte ich.
»Wenn es in Strömen gießt«, räumte sie ein, »dann gehen wir nicht.«
Ich sah sofort nach draußen, kein Regen, Bombenwet-

ter, über der ganzen Welt ein einziges Hochdruckgebiet. Abends lachte der Wettermann in die Kamera, als er einen heißen und durchweg sonnigen Sonntag verkündete.
Eigentlich wollte ich meine Frau ja ins Kino einladen, *Stirb langsam 4.1*, da gäbe es auch Musik, sogar gepolsterte Stühle unter einem garantierten Dach, und vorneweg die Hübsche mit der Eistasche.
»Kein T-Shirt, keine Jeans«, sagte sie, als ich kurz nach vier hilflos vorm Kleiderschrank stand, denn bei uns bin ich derjenige, der nichts zum Anziehen hat.
»Dann muss ich hierblieben. Oder draußen warten«, sagte ich.
Prompt legte sie mir die dunkle Hose hin und das weiße Hemd. Die Hose sei zu eng, und das Hemd hätte mir schon drei Halswirbel durchgescheuert, irgendwann seien Halswirbel aufgebraucht.
Das Hemd und die Hose waren mein klassisches Outfit für Hochzeiten, Beerdigungen, Theaterbesuche und jetzt auch für Friedhofskonzerte.
»Zieh an«, sagte sie, »von wegen eng.«
Von dem Hemd konnte ich sie gerade so noch abbringen und auf ein weißes T-Shirt umlenken. Ich sagte, bei dem Wetter! Und mein Hals kann sich noch sehen lassen! Wie ich das meinen würde, fragte sie. Nur so, sagte ich.
Eine halbe Stunde später schlenderten wir durch den Eingang des Grassi-Museums. Auf dem Innenhof hatten sie eine Bude aufgebaut, links und rechts in einem

Spalier runde Tische, an denen sich bereits ein paar Konzertgänger versammelt hatten. Die Frauen im reiferen Konzertalter in Feuerwehrrot, Pink oder Orange. Eine Dame, grellgelb gewandet, relativ konturlos, hätte man glatt für eine Gasexplosion halten können und ihren Begleiter, der das rechte Bein nachzog, für den einzigen Überlebenden.

Die Mädels, zumeist aus den Siebzigern, brachten nunmehr das Doppelte auf die Waage, hatten aber immer noch dasselbe an. Immer neue Paare trafen ein. Damen küssten an den Ohren anderer Damen links und rechts in die Luft. Ich hörte, wie die eine der anderen ins Ohr hauchte, der Hut, Gnädigste, wirft noch mehr Schatten in ihr Gesicht, und wie die andere der einen ins Ohr flüsterte, ob es denn nichts für den ganzen Kopf gegeben hätte, plötzlich aber ein Lachen, so herzlich wie trockener Husten, Falten und Hut gerichtet, genug begrüßt.

»Guck mal hinter uns«, flüsterte meine Frau, »aber nicht direkt hingucken.«

Ich guckte hinter mich, aber direkt hin. Eine Dame mit einem Umhang wie schwarzes, gesträubtes Gefieder guckte unter einer Frisbee-Scheibe mit Bienennetz hervor und tat, als horche sie gebannt auf den zu lauten Monolog ihres Gegenübers. Das Gegenüber, auch eine Dame, war winzig und unter der Kopfbedeckung, die einem zerstörten Vogelnest ähnelte, kaum zu sehen, dafür ununterbrochen zu hören. Die waren es aber nicht, die meine Frau meinte. Genau zwischen diesen beiden, ungefähr zwanzig Meter weiter hinten, sah ich, weil schlecht zu übersehen, zunächst ein höchstens einen Meter fünfzig hohes, aber sehr breites Schachbrett. Erst als sich das schwarz-weiße Ensemble auf unseren Tisch zu bewegte, erkannte ich, dass mich mein entfernter Eindruck keineswegs getäuscht hatte. Ein wandelndes Schachspiel in 3D. Die schwarzen und weißen Felder, ungefähr 15 x 15, wurden von den Hügeln und Tälern, die reichlich über der Dame verteilt waren, so verzerrt, zusammengeschoben und auseinandergezogen, als liefe sie ständig an einem dieser ulkigen Jahrmarktsspiegel vorbei.

»Ein Schachbrett für Blinde und von allen Seiten bespielbar«, sagte ich.

Der große schwarze Vogel mit der Frisbee-Scheibe flatterte dem Schachbrett quiekend entgegen. Meine Liebe, hörte ich, und meine Liebe und schön, und Pamela und gut siehst du aus, und Cordula, so hieß der schwarze Vogel mit dem kaputten Nest, sagte, Pamela, das Kleid steht dir, und alle wussten, es war gelogen, und die Cordula strich sich übers Gefieder, holte Luft und krähte, dass sie genau solch ein Kleid letztens in der Hand gehalten habe, dieses Jahr jedoch Einfarbigkeit en vogue sei, worauf Pamela sagte, dass dieser langweilige Trend mehr die Businessbekleidung beträfe.

Hinter den beiden Frauen lungerte ein extrem langer Herr, von dem ich erst dachte, er sei der Johann vom Vogel und warte auf Befehle, aber nachher schickte er sich an, Pamelas Hüften zu umfassen.

»Ihr Mann«, sagte ich.
»Der ist ja riesig«, sagte meine Frau.
»Bei den Hüften, da geht nicht jeder«, sagte ich, »und solltest du, falls du auch breiter wirst, jemals beschließen, solch ein Kleid überzuziehen, fahre ich drei Straßenbahnen später.«
»Eher geht auch«, sagte sie.
»Egal, Hauptsache, uns sieht niemand zusammen.«
Der Himmel war blau geblieben, wir spazierten in den Durchgang, der den Museumshof mit dem alten Friedhof verbindet.
Vor dem Orchesterzelt standen Reihen hässlicher Plastikstühle. Ich sagte, dass es beim Zahnarzt gemütlicher sei.
Wir setzten uns, und während wir das Eintreffen der Musiker beguckten, kamen Cordula, der schwarze Vogel und das Schachspiel. Hatte ich sie eben noch von Weitem gesehen, standen sie plötzlich eine Reihe vor uns, besser, genau vor mir, wo aber nur noch ein Stuhl frei war. Ich sagte mir, setzen die sich alle beide drauf, gebe ich einen aus.
Am Ende setzte sich Pamela genau vor mich, auf eben diesen freien Platz. Sofort drehte sie sich um, wobei ich die Nähte des Kleides aufstöhnen hörte, sah durch mich hindurch und rief: »Cordula, hinter dem Herrn ist noch ein Stuhl!«
Tatsächlich war hinter mir noch einer frei. Die Cordula saß mir im Rücken, rief nach der Pamela, die sich daraufhin umdrehte – dass ich dazwischen war, störte die

beiden nicht – und jauchzte: »Ach Gott, Mahler, meine Liebe, ist eine Offenbarung.«

»Klempner auch«, rutschte es mir raus, ohne dass ich das wollte. Weil ich nun mal Klempner bin. Und vorgestern musste ich in einem Altenheim eine Toilette durchstoßen, irgendeiner Hulda war ihr Gebiss reingefallen, und sie wollte es wiederhaben. Als sie mich zum achten Mal fragte, wie lange ich denn noch brauchen würde, sie müsse zum Frühstück, sagte ich, sie solle aus einer Tasse trinken, wie alle anderen auch, und nicht aus der Kloschüssel, oder, wenn doch, dann vorher das Gebiss rausnehmen. Und weil ich dann zu meinem Chef musste wegen der Umgangsformen gegenüber Kunden, weil mir das immer noch quer im Magen lag, weil Klempner gut zum Mahler passte und weil mich die beiden vor und hinter mir nervten, war es mir rausgerutscht. Ich dachte, sie hätten das gar nicht mitbekommen, aber dem war nicht so.

»Klempner?«, fragte Pamela und musterte mich, schob ihr Gesicht an mich heran, das Schachfeld, zum Zerreißen gespannt, knirschte gefährlich in den Nähten. Muss guter Stoff sein, dachte ich, einen Fetzen von KiK hätte es längst gesprengt. Ihr Gesicht war so nah, dass ich ihre Nasenhaare zählen konnte, und dann fragte sie noch mal: »Klempner?«

»Spätbarock«, sagte ich ganz trocken, von nichts eine Ahnung, und meine Frau stieß mir in die Seite, weil sie weiß, dass ich von nichts eine Ahnung habe. Plötzlich tauchte Cordulas Kopf neben mir auf, das Bienennetz erzeugte einen scharfen Windzug an meiner linken Schläfe, die hätte mich mit ihrem Hals glattweg erdrosseln können. Ich blickte ängstlich zur Seite, als auch sie fragte: »Klempner?«

»Spätbarock«, wiederholte ich und hoffte, sie würden es dabei belassen.

»Wann soll denn das gewesen sein?«, hakte Pamela nach und guckte neben mir Cordula an.

»Ziemlich spät im Barock«, sagte ich.

»Ich weiß, wann Barock spät und wann er früh gewesen ist. Ich kenne keinen Klempner, weder früh noch spät noch überhaupt im Barock.«

Cordula schob ihren Hals, was ich für unmöglich hielt, noch ein paar Zentimeter vor, drehte ihren Kopf und sah mich fast frontal an. Das tat schon beim Hingucken weh. Sie nahm das Netz hoch und sagte, Gustav Mahler sei ein Vertreter der Spätromantik, künstlerisch an der Schwelle zur Moderne, falls ich meinen Klempner in Bezug setzen wolle, ginge das wohl kaum. Dem würde ich uneingeschränkt zustimmen, stimmte Pamela zu. Sie starrten mich alle beide an, und jetzt wusste ich auch, wie Hänsel und Gretel sich gefühlt haben müssen, und die hatten es mit nur einer Hexe zu tun.

Meine Frau wusste nicht mehr, wohin sie gucken sollte, weil links und rechts noch drei oder vier andere Musikexperten über ihren Stuhllehnen hingen und mich ins Visier genommen hatten. Cordula verharrte in der ungesunden Halsstellung und fragte, wie denn der Herr Klempner mit Vornamen hieße.

Wir hatten jetzt die Aufmerksamkeit der gesamten vorderen und der halben hinteren Stuhlreihe. Mir wurde noch heißer, als es sowieso schon war, das Wasser lief mir den Rücken hinunter.
»Den Vornamen«, drängte sie.
Es gibt Millionen von Vornamen, jetzt fiel mir keiner ein. Paul, Gottfried, Hannes, Joachim, aber Joachim hieß niemand, der Barockmusik machte, Paul klang eher nach Spätproletariat, Kevin war völlig fehl am Platz, die erzeugen nur noch Störgeräusche. Gottfried, Siegfried, Friedbert, Friedemann ... Friedemann heißt unser Gartennachbar. »Friedemann«, sagte ich, aber ich hatte mich durch mein langes Zögern noch verdächtiger gemacht. Musikgeschichte muss wie aus der Pistole geschossen kommen.
»Friedemann Klempner?«, fragten Pamela und Cordula im Duett.
Meine Frau machte komische Geräusche. Was sollte ich denn tun? Ich käme hier nicht weg, ohne Aufsehen zu erregen, könnte auch nicht dasitzen und das Thema wechseln, vielleicht die Pamela fragen, ob es ihr Kleid auch in Mühle gäbe. Ich sah zum Himmel hinauf, atmete aus und sagte: »Der Sohn vom alten Klempner. Ich meine den Sohn, den, der er auch die Spülung erfunden hat.«
»Die Spülung!?«, riefen sie wieder im Duett.
»Der Sohn vom Friedemann«, sagte ich, »der Hermann, der hat die Wasserspülung erfunden, und als er so zur Probe spülte, da ging ihm ein Takt ein, ein Rhythmus, ein sinnliches Rauschen, welches er niederschrieb

und seinem Vater zeigte, der wiederum nicht wenig Potential darin erkannte.«
»Die Wassermusik?«, fragte Cordula. »Das war Händel, Georg Friedrich, womit wir tatsächlich beim Spätbarock wären.«
»Bitte schön«, sagte ich, »sag ich doch, Spätbarock.«
Die vordere Reihe nickte, Cordula senkte den Bienenschutz, und ich dachte, geschafft.
Mein Großvater hat immer gesagt, einfach so lange quatschen, bis die gestellte Frage wie die Antwort klingt. Ich lehnte mich zurück und holte tief Luft.
Als das Orchester eine Pause machte, drehte sich die Pamela noch mal zu mir, lächelte und sagte, mich würde es nicht wundern, wenn sie der Klempner sind.

Der Bob-Dylan-Platz

Ich beginne sehr zeitig, die Fußwege zu kehren. Der dicke Mann mit dem kleinen, braunen Hund kommt um diese Zeit vorbei, meist bin ich dann schon an der Ecke, am Dönerstand vom Mustafa. Der verkauft auch echte Thüringer Bratwürste.
Ich setze mich auf den Papierkorb und mache Frühstück, keine Thüringer, die sind nicht echt, dafür aber teuer, Mutter hat mir Brote gemacht. Der dicke Mann kommt. Punkt acht. Sein Hund tippelt vorbei. Der dicke Mann bleibt stehen, guckt mich an und sagt, es is wie es is.

»Wie isses denn?«, frage ich. Er antwortet nicht, geht weiter. Erst als er über die Straße ist, ruft er, ich solle mal drüber nachdenken.
Ich schiebe meinen Reinigungswagen weiter über die Freiheitsstraße, die nicht in die Freiheit führt, die kommt auch nicht von ihr. Sie ist gefangen zwischen den Häusern, albern – Freiheitsstraße. An der Tür vom Jobcenter hängt ein Schild: Hunde müssen draußen bleiben. Ich muss da auch nicht rein, denke ich und mache mich über das Rondell her, das davorsteht, beginne drumrum zu kehren, im Uhrzeigersinn. Weil es so steht. Also den Besen ziehen. Stünde es gegen den Uhrzeigersinn, müsste man den Besen schieben, sagte mein Vater, selbst lange Zeit Straßenkehrer gewesen. Das Rondell ist älter, das stirbt auch nicht. Vater hatte mir geraten, sollte ich mich dazu entschließen, Straßenkehrer zu werden, stets genau zu gucken, in welche Richtung ein Rondell gebaut sei. Ich sagte, Vater, es ist ein Rondell. Du wirst deiner Mutter immer ähnlicher, sagte er und hätte mich fast mit weggekehrt. Mein Bruder hat von Anfang an nicht auf meinen Vater gehört, dafür ist er jetzt Chefarzt in der Charité. Er ging damals aus dem Haus, um zu studieren, als Vater gerade vor unserer Tür kehrte und sagte, ich habe alles versucht, Sohn, schade drum.
Hinter dem Rondell, links vom Büro der SPD, öffnet sich eine freie Fläche, seit Monaten abgesperrt. Dort soll der Bob-Dylan-Platz entstehen, mit Bob-Dylan-Denkmal und Bänken und Ziergewächsen. Die SPD

fordert einen Rosa-Luxemburg-Platz, die Linken auch, mit viel Rosa-Luxemburg, die Grünen mit viel Ziergewächsen, die AfD plädiert für eine Goebbels-Büste, aber aus Holz, wegen der Grünen, die sind seit letzte Woche Koalitionspartner. Die FDP möchte ein Mahnmal für unfähige Kleinunternehmer, die in ihrem Kleinunternehmen umgekommen sind, und Asphalt, damit die gedenkenden Besucher nicht erst aus dem Auto steigen müssen. Doch der Beauftragte der Stadt für Denk-, Mahn- und Grabmale, der gerade, so in einem Interview, ein Sachbuch über immer dieselben Plätze verfasst, legt schon in dessen Prolog dar, dass es mittlerweile beinahe so viele Rosa-Luxemburg-Plätze gebe, wie seine Frau Falten hat, und eigentlich hätte diese Luxemburg gar nicht singen können, schon gar nicht wie Bob Dylan, die hätte auch keinen Nobelpreis gekriegt, wie Bob Dylan, sie könne ja nicht mal Gitarre spielen, wie Bob Dylan. Außerdem sei die Bob-Dylan-Skulptur fast angefertigt.

Als man den bronzenen Bob Dylan so zur Probe aufrichtete, kehrte ich gerade. Plötzlich gab es Tumult, die Genossen keiften, die Kameraden schüttelten die Köpfe, der Stadtrat ging sich geschlossen an den Kragen, der Bürgermeister trampelte auf seinem Hut herum, der Beauftragte raufte sich die verbliebenen Haare. Ich erfuhr nachher von einem Postboten, man habe parteiübergreifend erkannt, die Figur des Bob Dylan wäre viel zu stattlich geraten, insofern hätte man ja gleich Peter Maffay nehmen können. Zwei Stunden später,

ich kehrte retour, kippte man den Riesen-Bob Dylan wieder um.
Das Denkmal liegt jetzt längs der Büsche. Generaloberst a. D. von Sonnewitz, der immer draußen vorm Altenheim steht, wenn ich dran vorbei kehre, sagt, die sollen das nutzlose Denkmal einschmelzen, wir brauchen Munition, wenn der Pole wieder einen Krieg anzettelt.
Der Beauftragte für Bob-Dylan-Plätze, der sich neben dem Beauftragten für Denk-, Mahn- und Grabmale nach dem Dilemma zu Wort meldete, konstatierte: Man könne doch, um Gottes, der Nachhaltigkeit und der bereits investierten Steuergelder willen, das Bob-Dylan-Denkmal, wo es nun da sei, zu einem Gaddafi-Denkmal umgestalten. Nach eingehender Prüfung verschiedener Experten sei man sich einig geworden, dass der Gaddafi dem Bob Dylan am ähnlichsten sehe, darüber hinaus verfüge er über eine wesentlich stattlichere Skulptur-Figur, und ja, der Gaddafi könne auch nicht singen, er sei aber mindestens genauso bekannt.
Es hatten sich auch gleich ehemalige Mitarbeiter von Imhausen-Chemie gemeldet und ebenfalls für ein Gaddafi-Denkmal plädiert. Schließlich habe man in den Achtzigern in Lybien eine Giftgas-Fabrik errichtet, sich sehr wohlgefühlt in den noblen Hotels und bei Stadtrundfahrten dem Gaddafi, der deutsche Wertarbeit noch schätzte, persönlich die Hand geschüttelt. Auch und gerade deswegen könne man reinen Gewissens einem großen Wertschätzer deutscher Wertarbeit auch einmal ein großes Denkmal setzen.

Hierauf reagierte, ohne die landesüblichen Umschweife, der Vorstandsvorsitzende der Anti-Giftgas-Union entschieden und beauftragte umgehend eine Firma, seine Frau aus Protest und spontan und nackt in Ketten zu legen und an das umgelegte Denkmal zu schweißen. Natürlich, so in einem Beitrag im Abendjournal, hätte er sich gern persönlich angekettet, aber aufgrund einer Blasenschwäche könne er keinesfalls tagelang im Freien zubringen, noch dazu, wo der Wetterbericht für den Bob-Dylan-Platz massive Niederschläge voraussage.
Der Finanzbeauftragte für mittelgroße Plätze, auf denen neue Denkmale entstehen sollen, explizierte in einem Podcast mit Daniela Katzenberger, dass man ein Team nach Libyen entsendet, um nachzuforschen, ob der Gaddafi wirklich einverstanden gewesen war, in seinem Land eine Giftgas-Fabrik zu errichten, oder ob er gar nichts davon gewusst hatte, würde doch nicht nur die heimische Presse so manche Tatsache verfälschen.
Der Vorstandsvorsitzende der Anti-Giftgas-Union reagierte sofort und erwiderte im Morgenmagazin, dass er seine Frau wohl kaum umsonst an das Denkmal habe schweißen lassen. Eher würde der Bob Dylan noch wachsen, als dass der Gaddafi von einer Giftgas-Fabrik nichts gewusst habe.
Für mich gibt es jede Menge zu kehren. Eine Demonstration nach der anderen. Die Frau Dr. Fink, unsere städtische Amselpärchen-Beauftragte, rief obendrein eine Pro-Amsel-Demonstration ins Leben, läge doch

das Denkmal vor dem Gebüsch, in dem das städtische Amselpärchen brüte.
Vorerst tut sich nichts mehr. Nur die Frau vom Anti-Giftgas-Unionsvorsitzenden hängt noch immer am Denkmal und schreit. Ich muss um die drumrum kehren, dafür hat mir mein Kumpel seine Ohrschützer geborgt. Es kommt auch niemand mehr vorbei, der sie schreien hören müsste. Der Stadtrat widmet sich längst neuen Aufgaben, möchte ab nächsten Monat neben den anderen Mülltonnen auch rote aufstellen, für die Parteienwerbung der SPD, die könne man wieder entnehmen und das nächste Mal neu verschicken, was weiß denn der SPD-Wähler schon, eine Idee der Grünen, die das seit Jahren so handhaben.
Als ich vorm Altenheim den Rinnstein kehre, steht da wie immer der Generaloberst a. D. von Sonnewitz. Wir haben ein Ritual. Habe ich ins Leben gerufen, um den alten Mann etwas aufzuheitern. Dazu gehe ich ein paar Meter im Stechschritt, schlage die Hacken zusammen, präsentiere den Besen und rufe, ich wünsche Ihnen, Herr Generaloberst, einen angriffslustigen Tag! Der Alte verzieht keine Miene, nimmt die Hand an seine Pudelmütze und ruft: rühren!
Heute ohne Stahlhelm, Herr Generaloberst, frage ich, denn sonst trägt er immer einen.
Wird frisch gestrichen, sagt er. Waren Sie an der Ostfront, Soldat?
Ich bin immer noch an der Ostfront, melde ich.
Er fragt, ob noch Panzer gebraucht werden. Ich melde

dann, der Osten sei versorgt, im Westen gäbe es Widerstandsnester, da wären Panzer ein Segen. Am Ende klopft er mir auf die Schulter und sagt, ich kümmere mich, Sie altes Kommissbrot. Weitermachen.
Ich würde ihm so sehr wünschen, dass er seine letzten Tage in einem gut beschossenen Schützengraben verbrächte.
Hinterm Altenheim muss ich um eine lange Kurve, vorbei am Hotel Fürstenhof. Vor dessen Entree kehrt aber der Harry. Ginge mich nichts an, sagt er. Der trägt eine Uniform, goldene Blessen, silberne Knöpfe, Doppelreihe. Er wartet schon, stellt sich auf die Stufe, guckt zu mir runter und sagt, du machst doch immer noch den Drecksjob.
Ich gucke hoch und sage, du kehrst doch auch. Mein Besen ist aber aus Mahagoni und hat Nerzborsten, erwidert er und grinst. Ehe ich ihm sagen will, wie blöd er sei, muss er einem Gast die Tür aufhalten. Der Mann in grauem Anzug klammert sich an seine Hostess, hebt das rechte Bein und streckt dem Harry den Fuß hin, ob er mal drüber polieren könne. Der Harry kramt sein Taschentuch raus, sagt, selbstverständlich der Herr, eine Ehre, eine Freude, ein Bedürfnis, immer zu Diensten für den Herren, gnädige Frau, eine Ehre, eine Freude, ein Bedürfnis. Da bin ich längst beim Mac Geiz, der macht meine Zielgerade auf. Nur noch das Asylantenheim. Die machen nicht mehr Dreck als die anderen. In dem Gebäude vegetierten früher herrenlose Hunde. Wenigstens bellt keiner mehr den ganzen Tag. Der

Ausländerbeauftragte für helle bis halbdunkle Immigranten war seinerzeit mit dem Tierschutz-Beauftragten übereingekommen, das leerstehende Gebäude, natürlich nach einer Grundreinigung, für die Flüchtlinge zu übernehmen. Wogegen wiederum die Bundesbeauftragte für regionale Betroffenheit in einer flammenden Rede aufs Schärfste forderte, zumindest die ehemaligen Zwingertüren offenzulassen. Nachdem der Stadtrat sich eine Legislaturperiode lang eingehend mit dieser Forderung beschäftigt hatte, stimmte man dafür, bei zweihundertzwanzig Stimmenthaltungen.
Plötzlich taucht ein älteres Pärchen neben mir auf. Er tippelt rauf, den Zaun entlang und guckt, sie tippelt runter, den Zaun entlang und guckt, dann spricht sie mich an, sagt, entschuldigen Sie, wir möchten uns einen Hund zulegen, wo …
… hier gibt's keine Hunde mehr, unterbreche ich sie, ist jetzt Asylanten-Wohnheim.
Er kommt dazu. Sie sagt, was meinst'n du, Klaus?
Nee, sagt er, für die Sorte ist der Garten viel zu klein.
Nach dem Wohnheim kommt ein langer Weg. Der grenzt links an eine schöne Wiese. Am Horizont stehen Pappeln. Den kehre ich noch vor. Gegen zwei bin ich ringsum und wieder vorne bei Mustafa. Der guckt aus seiner Bude, grinst und macht mir wie immer gleich ein Bier auf. Ich stelle meinen Wagen ab, lege den Besen rein.
Willst du Thüringer Rostbratwurst esse, echte aus …
… nee, Mustafa, sage ich, da kriege ich Sodbrennen.

Zigeunerschnitzel

Wir sind neulich irgendwo wandern gewesen und wollten Mittag essen.
Corona hat uns zwar schon Masken verpasst, aber die Kneipen sind noch auf, wenn sie auf sind. Wir kommen also aus einem Wald gestolpert, die Sonne blendet, ich bin blind, mir tun die Füße weh. Verschwommen sehe ich drei Häuser.
Hier gibt's Menschen, sage ich, da gibt's auch was zu essen, jetzt hätte ich Appetit auf ein …
… wenn du noch mal irgendwo Zigeunerschnitzel bestellst, unterbricht mich meine Frau, bin ich weg.
Mache ich nicht, verspreche ich.
Wir stehen erst mal ratlos in der Botanik. Sie guckt auf ihr Handy, tippt und wischt, da vorne gibt's ein Restaurant, sagt sie und zeigt nach vorne, die Straße rauf, hinten links und nach der Kirche rechts. Hotel Jägerhof. Wir japsen dorthin. Mir läuft der Schweiß in die Augen. Der ganze Jägerhof ist voller Coronazettel, Bäume, Zäune, vor allem die Tür. Habe ich die gelesen, bin ich verhungert oder steinalt und pflegebedürftig, da wäre ein Coronatod nicht die schlechteste Lösung. Ich ziehe die Maske über, lege die Hand auf die Klinke. Hinter mir meine Frau. Ich dreh mich um, dein Mundschutz ist schief, sage ich und halte Abstand oder warte zwei Minuten, bis ich drin bin, ich gucke auf die Uhr, ab jetzt.
Wir sind doch ein Hausstand, sagt sie.

Trotzdem sind wir nicht verheiratet, sage ich, ich bin nach wie vor ein Hausstand für mich, du einer für dich, wir sind nur temporär zusammen, das Virus ist zwar klein, aber nicht dumm. So, jetzt stimmt die Zeit nicht mehr.
Die Tür gibt nicht nach, die Klinke ist gedrückt, ich drücke die Klinke noch mal, die Tür bleibt, wo sie ist. Also die Klinke geht, die Tür geht nicht. Die ist abgesperrt. Wir hätten die Tür von unten rauf lesen sollen. Auf Höhe meiner Knie steht: Sehr geehrte Gäste, aufgrund einer Corona-Erkrankung ist unser Restaurant bis auf Weiteres geschlossen.
Ich mache meinen Mundschutz wieder ab, meine Frau sagt: Scheiße, und guckt aufs Handy. Der Grüne Ritter, sagt sie, einen Kilometer weiter, Ortsausgang, hinter der Feuerwehr rechts.
Dann los. Als ich mich um die Feuerwehr herumschleppe, steht da ein Haus, das der Grüne Ritter gewesen sein könnte. Ihm fehlt das Dach, und nicht erst seit gestern. Fenster gibt es gar nicht. Die Treppe zum Eingang ist umgefallen, drauf liegt die Eingangstür.
Wenigstens ist offen, sage ich.
Meine Frau jammert, das gibt's doch gar nicht.
Hier hat sich Stalin mit Hitler getroffen, sage ich, die haben das letzte Zigeunerschnitzel gefressen, und dann hat der Engländer das Ding bombardiert.
Im Internet steht das aber noch, sagt sie.
Gehen wir halt im Internet essen, sage ich.
Warum nehmen die das nicht raus, fragt sie.

Hier war seitdem keiner mehr, wahrscheinlich sind die Engländer erst vorige Woche wieder abgeflogen.
Warte, sagt sie, zwei Kilometer, Richtung Westen, den blauen Wanderweg, da ist Messer und Gabel, Gaststätte zur Räuberhöhle.
Das klingt authentisch, sage ich, und wir keuchen westwärts.
Die Räuberhöhle hat ein Dach, die Tür ist offen, die Fenster sind geputzt, tausend freie Plätze. Es dudelt Musik.
Da gibt's einen Haken, sage ich, die Kneipe mit Dach und offen, freie Sitzplätze, wir müssen uns wahrscheinlich einloggen, die Adresse hinterlassen und den Newsletter abonnieren.
Oder wir sind die Ersten, sagt sie.
Der Biergarten ist so groß wie ein Fußballfeld. Es riecht nach Kalbsschnitzel, nach Paprika, ich bin drauf und dran zu sagen, dass es hier wahrscheinlich Zigeunerschnitzel gibt, aber meine Frau guckt mich böse an.
In der Kneipentür, links am Rahmen, lungert eine junge Frau. Dem Gesicht nach geht's ihr nicht gut. Sie ist kurz und breit, was Schweres draufgefallen, denke ich, das Obere ist jetzt links und rechts. Schwarz gefärbte Haare, schwarzer Rock, ärmellose schwarze Bluse, schrecklich transparent. Der Rock ist für die Beine zu kurz, weil die Beine für Beine zu kurz sind. Den Armen hätten zwei ganz lange Ärmel gut gestanden, sei es drum, die Jugend, sage ich immer, die haben ihre Nur-du-bist-schön-App, der gute alte Spiegel, der es auf den Punkt bringen würde, ist aus der Mode.

Guck mal, sagt meine Frau, das könnte die Kellnerin sein.
Oder eine trauernde Witwe, sage ich.
Natürlich ist das die Kellnerin, die guckt schon her.
Aber wie, sage ich, ihr Gesicht ist so voller Schmerz, naja, wenn man so jung Witwe wird. Vielleicht haben die den Toten drinnen aufgebahrt und lüften bloß, nebenbei gesagt, nur weil jemand herguckt, ist er nicht gleich die Kellnerin.
Jetzt sei still und setz dich.
Komm, sage ich, gleich den Tisch beim Eingang, nach Langstrecke sieht die nicht aus.
Mir knurrt der Magen. Wir setzen uns, erste Reihe Mitte, zwei Meter vom Eingang weg. Sollte heute doch einer kommen, der uns bedient, sage ich nach zehn Minuten, könnten wir ihm den Tisch noch ein Stück entgegentragen.
Untersteh dich, sagt sie.
Das macht viel aus, sage ich, wenn die hier auch noch heiß kochen.
Plötzlich plärrt die Witwe, dorthin können Sie sich nicht setzen, den Tisch brauche ich fürs Geschirr. Sie kommt nicht angestürmt und begrüßt, schwindelt uns die Hucke voll, von wegen, herzlich willkommen, möchten Sie Sitzkissen, steht der Schirm richtig.
Meine Frau sagt, gehen wir halt zum nächsten Tisch.
Nun sitze ich der schwarzen Witwe genau gegenüber. Ich kann ihr Parfüm riechen, eine Chanel-Thymian-Fenchel-Mischung mit viel Veilchen, aber nicht mehr

frisch, doch schon länger gepflückt. Meine Frau winkt. Daraufhin dreht sich die Witwe um und geht nach drinnen.
Vielleicht gibt's ein Tischtelefon.
Wofür brauchst du ein Tischtelefon?
Wir könnten in der Küche anrufen.
Aber die Witwe kommt zurück, hat sich eine weiße Schürze unter die Brust geschnürt, sieht aus wie ein großes schwarzes Baby mit Latz. Sie hat einen Lappen in der Hand. Wir atmen auf. Mein Bauch macht Geräusche. Ich kriege feuchte Zähne. Doch sie stapft an uns vorbei an den nächsten Tisch und wischt dort drauf rum.
Hallo!, rufe ich.
Sie guckt mich entgeistert an, sagt, sie hätte nur zwei Hände, und schrubbt weiter über den blitzsauberen Tisch, bis sie Holz am Lappen hat.
Ich muss was trinken, sagt meine Frau.
Die Witwe kommt. Auch jetzt keine Begrüßung. Könnte ja wenigstens Hei sagen, wenn Guten Tag zu lang ist. Sie steht da und starrt. Ich starre zurück. Ich bin der Gast. Ich würde grüßen, wenn ich begrüßt wäre. Ich habe Hunger. Es ist keine Erbauung, die anzugucken. Rundum Tattoos. Hier und da könnte man denken, die Falten wären in den Bildern, dabei ist das Bild faltig, vielleicht hat sie sich die Bluse tätowieren lassen. Sie holt einen Notizblock aus der Schürze. Dabei winkelt sie den rechten Arm an. Dort obendrauf, wo es am dicksten ist, sehe ich das Konterfei von Che Guevara.

Es baumelt lange unterm Knochen. Ich denke, doch dreißig vorbei. Auf dem linken Arm ist auch jemand, die Baerbock, oder Günter Guillaume, da müsste ich fragen. Es hätten auch beide draufgepasst. Durch ihre Stupsnase ist ein Ring gezogen, falls sie doch mal geführt werden muss. Aus der unteren Lippe ragen drei Schrauben, könnten Dreizehner sein, im rechten Ohr stecken wie zwei Stricknadeln, an denen ein Kettchen hängt, mit zwei Unterlegscheiben oder Dichtungsringen. Wenn du die mitnimmst, kann das Klo ruhig kaputtgehen. Lippen grün, alle beide. Habe ich bei Vegetariern gesehen, dafür sieht sie aber zu satt aus. Vielleicht sollte ich sie fragen, was ich ihr bringen soll.
Meine Frau räuspert sich und sagt tapfer, wir hätten bitte zwei Radler.
Die Witwe macht ein Geräusch, dann zählt sie zwanzig Sorten auf, als hätte jemand einen Schalter umgelegt, klingt wie die Tusse bei der Telekom.
Ich unterbreche und sage, Entschuldigung, kalt würde reichen, und es müsste sich gießen lassen.
Sie hat abgebrochen. Ausgeschaltet. Sie starrt wieder. Der rebellische Gast, könnte sie denken, der Kunde, der Ansagen unterbricht, davor hat sie der Ausbilder gewarnt. Meine Frau bemüht sich und lacht. Das ist der Witwe egal. Sie bringt die Brauen dichter an die Augen. Wir haben nur Radler zum Gießen, sagt sie, aber mit einem Glas kein Problem. Sie guckt zufrieden. Nicht schlecht, denke ich, hätte ich von der gar nicht erwartet. Eine Hübsche hätte ich jetzt noch mal nach

den zwanzig Radlersorten gefragt, die hier nicht, die will Konfrontation. Da bin ich der Letzte, der enttäuscht. Für solche Fälle habe ich ein Konfrontationsprogramm zusammengestellt. Das funktioniert so. Ich beginne, indem ich mir eine Zigarette anstecke und nach einem Aschenbecher frage. Die Kellnerin zetert los. Hier sei Rauchen untersagt, zur Mittagszeit sowieso, die Leute wollen essen und nicht krank werden. Treffer, denke ich. Die Luft bei ihr ist schon raus. Sie holt frische, das dauert, große Brust. Die Atempause nehme ich und hake nach. Außer uns ist doch niemand hier, der krank werden könnte, sage ich. Ich bin wohl niemand?, fragt sie.
Ich hätte beinahe ja gesagt, aber da würde ich Punkt zwei streichen müssen, doch Punkt zwei will ich machen. Punkt zwei ist mein persönlicher Favorit. Meine Frau ahnt das und guckt mich an. Sie beginnt sachte mit dem Kopf zu schütteln. Ich nicke. Sie schüttelt jetzt heftiger. Aber mir liegt's schon auf der Zunge. Ich hätte drauf verzichtet, ihr zuliebe, wiederum lässt mir die breitgeklopfte Biergartenpolitesse keine Wahl. Ich gucke sie so freundlich wie möglich an. Sie guckt weniger freundlich zurück.
Für diese Generation bin ich der Antichrist, der Anti-Gender, der rauchende Fleischfresser, der seine Frau morgens an den Wischeimer kettet, der Ausländer nur mag, wenn sie die Pizza bringen, der gerade noch Eisenspäne von Kartoffelschalen trennt und alles in die blaue Tonne wirft. Deswegen möchte ich sie nicht ent-

täuschen, da folge ich der Folge und sage: Ich hätte gern ein Zigeunerschnitzel.
Das hat sie natürlich erwartet. Ihr Sprechapparat springt sofort wieder an. Wir haben kein Zigeunerschnitzel, zischt sie, die Bezeichnung ist inkorrekt, sie ist rassistisch.
Aber, sage ich, ich will nicht die Bezeichnung essen, sondern das Schnitzel.
Es gebe keine Zigeuner, zetert sie weiter, deswegen auch kein Zigeunerschnitzel, selbst wenn wir Zigeunerschnitzel hätten, würde das längst nicht mehr so heißen, und dann sagt sie tatsächlich: Zigeuner sind Menschen und keine Schnitzel.
Da frage ich doch, was mit Wienern und Jägern sei, alles Menschen, die Schnitzel heißen.
Sie weiß gar nicht, wie sie welche Grimasse schneiden soll. Meine Frau schubst mich und rutscht auf dem Stuhl rum. Sie will weg. Man sollte aber nicht immer gehen, wenn's am schönsten ist. Ich grinse. Ist das ihr Ernst?, fragt sie.
Ohne Zweifel, antworte ich, wir sind mit Zigeunerschnitzeln groß geworden, Muttermilch, Zigeunerschnitzel, Muttermilch, die Reihenfolge, außer sonntags, da gab's zum Nachtisch noch einen Negerkuss obendrauf.
Sie gehen jetzt besser!
Meine Frau springt auf. Ich nicht. Ich mache das sehr bedacht, rücke den Stuhl an den Tisch und sage, mag die Diktatur ihre Nachteile gehabt haben, wer hat die

nicht, aber es gab Zigeunerschnitzel, die waren herrlich zart, und wissen Sie, warum?, weil unser VEB Schlachtbetrieb nur junge Zigeuner verarbeitet hat.
Meine Frau macht ein gefährliches Geräusch. Die Kellnerin streckt einen ihrer kurzen, dicken Arme zum Ausgang. Che Guevara baumelt wieder. Ich schlendere davon. Meine Frau ist weg. Die geht öfter mal eher, hat früher auch Zigeunerschnitzel gegessen, was sie verdrängt, ich hingegen arbeite meine Vergangenheit auf.

Wauwau gucken

Der erste Bär, den ich zu sehen bekam, lief gemächlich am Zaun entlang. Scheinbar genoss er wie ich die Stille, die um diese Zeit im Bärenpark herrschte. Es war Herbst, und noch kein Besucher weit und breit. Keine baseballbemützten Väter, die ihren Söhnen haarsträubende Geschichten über Bärenjäger erzählten. Keine Mütter mit Greenpeace-Stickern, die ihrem Nachwuchs flammende Reden über Arterhaltung hielten. Vorige Woche erst hatte ich vorne am Eingang so einer Mutter zugehört, wie sie ihren zweijährigen Sohn, der wie am Spieß schrie, diesbezüglich aufzuklären versuchte. Wenigstens können kleine Kinder schon schreien, und meiner Meinung nach werden die, die davon rege Gebrauch machten, immer mehr, weil die Mütter, die ihren Kindern unangebrachte Monologe hielten, auch immer mehr werden.

Der Bär war stehen geblieben, hob seine Schnauze und guckte in den Himmel.
Ich zündete mir eine Zigarette an, tat den ersten Zug, und in dem Moment hörte ich eines jener verzweifelten Kinder rufen: »Mama, lass mich raus!«
Der Bär senkte den Kopf, wendete auf der Stelle und rannte in den Wald. Nach einer Weile kam mir eine Frau entgegen. Sie zog einen schreienden Wagen hinter sich her. Es hatte tatsächlich den Anschein als schreie der Wagen. Dem war natürlich nicht so, sondern es schrie aus ihm heraus. Ich erkannte zunächst ein kleines, grünes Bündel und schlussfolgerte: ein Kind. Wahrscheinlich gab es auch Leute, die ihren Hund spazieren fuhren, aber ein grüner Hund, der reden konnte, schien mir eher selten. Das wütende Kind versetzte den Verschlag auf Rädern in rhythmische Schwingungen. Die Bordwände bestanden aus massiven Holzlatten und machten eine Flucht, die hier zweifelsohne angestrebt wurde, unmöglich. Im Mittelalter hatte man in solchen Dingern Hexen zum Scheiterhaufen gekarrt. Wenn es grüne Hunde gäbe, die sprechen könnten, müsste man auch wieder mit Hexenprozessionen rechnen. Der kleine Delinquent, der hier von der Mama gezogen wurde, rief immer wieder: »Lass mich raus. Wauwau gucken!« Die Mama stoppte abrupt, blickte hinter sich, straffte ihre ein Meter neunzig und ließ den Oberkörper so blitzartig nach vorn klappen, dass meine Augen kaum folgen konnten. Einem Kranausleger in lindgrüner Latzhose gleich rastete sie ein paar Millimeter über

dem Gitterkarren ein und dröhnte: »Sören Malte, das ist ein Braunbär, kein Hund, und wenn du jetzt nicht still bist, dann ...!«

»... lass mich raus, Wauwau gucken!« Sören Malte wiederholte sein Anliegen, forderte mit gequiektem Nachdruck seine sofortige Freilassung. Der Bär kam aus dem Wald zurück, woraufhin Sören Malte krähte: »Wauwau!« Die Mama hatte an ihrer Rechtwinkligkeit noch nichts geändert und blickte auf ihren Gefangenen hinab. »Das ist ein Braunbär, Sören Malte, kein Hund!«, erklärte sie noch mal und richtete sich auf, legte den linken ihrer zwei Meter langen Hosenträger zurück auf die Schulter, rückte ihre signalrote Kappe zurecht, die anscheinend der Sicherheit des Luftraumes diente, und sagte: »So, Sören Malte, ich lass dich jetzt raus, du bleibst schön bei mir!«

Sören Malte kletterte aus dem Wagen. Er trug ebenfalls Latzhosen, einen novemberfarbenen und, wie ich vermutete, fair von blinden Rentnern gestrickten Pullover nebst einer Wollmütze mit einem mächtigen Dach, das zuvor wahrscheinlich über einem Bahnsteig montiert war. Sören Malte tippelte zum Zaun. Die Mama fuhr ihre Teleskoparme aus und hatte den Flüchtigen sofort am Schlafittchen, klappte wieder nach vorn und sagte: »Hiergeblieben!«

»Wauwau!«, plärrte Sören Malte.

»Das ist ein Braunbär. Ich möchte nun doch, dass du dir das merkst. Sprich mir nach: B-r-a-u-n-b-ä-r!«

Sören Malte reichte seiner Mama bis an die Knieschei-

ben, zwischen denen er hindurchsah und dem Bären winkte.
»Sören Malte? Wiederhole: B-r-a-u-n-b-ä-r!«
Sören Malte öffnete den Mund, holte tief Luft und sah zu seiner Mutter empor. Die blieb nach vorn geklappt, gewaltig und grün und erwartungsvoll. Ich ging noch ein paar Schritte, mein Interesse war geweckt.
»Sören Malte, bitte, wiederhole!« Die Mama verzog den Mund, presste die Lippen aufeinander, bis sie völlig verschwanden, rollte sie wieder heraus, kullerte mit den Augen und formte in ausladenden Unterkieferverrenkungen und mit einer akrobatischen Zunge, als wollte sie ihr Kind quer fressen, noch einmal das Wort Braunbär. Sören Maltes untere Gesichtshälfte zuckte, unmerklich zunächst, dann heftiger. Ich hörte es in dem kleinen Kopf kramen und suchen. Die Mama sprühte vor Optimismus. Ihr Mund war nun eine Speerspitze. Ihr Sohn würde es schaffen, bestimmt, und Sören Malte schien tatsächlich gefunden zu haben, wonach er suchte und quiekte: »Wauwau!«
»Ab in den Wagen«, sagte die Mama barsch. »Du kannst nicht hören!«
Sören Malte bekam einen neuen Schreianfall, kraxelte aber, dem Los des Schwächeren gehorchend, in die Beugehaft zurück. Er zeterte nun wieder aus seiner Naturholzfalle. In diesem Moment tat er mir leid, und ich dachte, keiner braucht nach Afrika, um Elend zu gucken.
»Sören Malte«, sagte die Mama, »denke darüber nach, was du falsch gemacht hast! Ich bin gleich zurück!«

Und ohne dass mir Zeit zu einer Verteidigung geblieben wäre, schoss sie auf mich zu. Für die Strecke hätte ich fünf Minuten gebraucht, sie war sofort zur Stelle und fragte: »Könnten Sie für ein paar Minuten das Kind im Auge behalten, ich muss kurz ...!«
Ich nickte. Sören Malte wurde still, als seine Mama im Busch verschwand. Ich ging näher ran, erkannte hinter den Gittern nur das Mützendach.
»He, du!«, sagte ich und klopfte aufs Holz. »Mach doch mal ganz laut: wau, wau!«
Sören Malte sah zu mir auf, grinste und sagte: »Braunbär macht nicht wau wau.«
Ich hob den Daumen. Er auch. Sein Blick hatte etwas erwachsen Schelmisches, und obwohl ich wusste, dass ich ihm zu viel zutraute, las ich in seinen Augen, was ich schon zu wissen glaubte: Die Doofen auf dieser Welt sind nicht unter den Kindern zu suchen.

Der hoffnungsvolle Vater

Dieter wachte auf, spürte jede einzelne Latte der Bank im Rücken, drehte sich, fiel runter, lag da am Rand des kleinen Pfades, guckte in den Himmel. Es war hell. Ein Bach plätscherte hörbar, ganz nahe. Er rollte sich seitlich zum Plätschern hin, hielt sein Gesicht ins Wasser. Morgentoilette. Er kam hoch, wankte zur Bank zurück, setzte sich, die Vögel sangen. Frühstück. Er nahm das alte Tempotaschentuch aus der Jacke, legte es neben sich, zog es glatt, klopfte drauf rum, bog die Zipfel, zerrte eine letzte Falte, stellte die angerissene Flasche Wein von gestern drauf und legte drei Zigaretten daneben. Über ihm im Baum trällerte eine Amsel oder ein Star oder eine Meise. Er hob einen Stein auf und warf ihn ins Geäst. Der Vogel kreischte und flog davon. Dieter griff die Flasche, wünschte einen guten Flug und nahm einen kräftigen Schluck. Die Säure schrumpfte seine Mundhöhle, dann den Schlund, und im Magen war es wieder wie immer. Erfahrungsgemäß fand sich sein Gesicht nach drei, vier Schlucken und einer Wartezeit von vielleicht sieben Minuten. Seine Uhr hatte er verkauft. Aber er wusste, wie lang sieben Minuten sind. Der Taschenspiegel war noch da, linke Innentasche. Sieben Minuten waren um. Er guckte in den kleinen runden Spiegel, das Gesicht suchte noch, war aber drauf und dran, sich zu finden, die Augen hatten die Schleier gelüftet, der Rest abwärts ergab sich in der Regel. So saß Dieter, gerahmt von außerordentlich malerischen Bäumen, in einem grünen Korridor, den die Morgensonne zu vergolden begann. Dort, wo der Blick in die Ferne, von allerlei Linden und Eichen und Eschen gebremst, endete, auf einem samtig grünen Flecken, stand wahrhaftig eine extrem bezaubernde Tochter.

Dieter saß nicht von ungefähr sonnendurchflutet und vogelbezwitschert auf dieser Bank, umrankt und bedeckt von üppiger Natur, nein, es hatte seinen Zweck, agierte er doch als eine Nebenfigur eines Nebenstrangs in einem schönen Roman, dessen Autor wiederum, und das war das Besondere, bei aller Schönheit des Romans auch bedingt gesellschaftskritische Elemente schön verwob, in seinem emotionsschwangeren, dadurch bauchigen Text. Nur eben, dass niemand Dieter darüber informiert hatte, Nebenfigur eines Nebenstranges eines schönen Romans zu sein. Datenrechtlich wahrscheinlich eine Katastrophe, menschlich auch, aber Dieter wird weder als Datei noch als Mensch geführt, bei dem Lebenswandel.

Der Autor dachte an einen Kontrapunkt, angestoßen von seinem Lektor, der schon viele schöne Romane lektoriert hatte, welcher sagte, schön, schön, Liebe, Liebe, Liebe, ländliche Gefühle, Metaphern dosiert, die Leserschaft keinesfalls überfordern, aber Kontrast, Gegensatz, Divergenz, Divergenz, Divergenz, die Schönheit würde so schöner, und jeder Schmied hätte eben auch mal Glück.

Das Werk war zunächst von einem Arbeitstitel überschrieben: Der hoffnungsvolle Vater, seine extrem bezaubernde Tochter und ein homosexueller, tollkühner Reiter auf einem Pferd. Der Lektor war drei Jahre lang sehr skeptisch gewesen, so eine Überschriftsgirlande, schließlich müsse ja auch das Buch noch gelesen werden. Den Leser bereits beim Titel zu überfordern sei gewagt, dazu drei Personen auf einem einzigen Pferd, nicht authentisch, nicht authentisch, nicht authentisch. Doch der Autor stampfte auf und schnaubte, und das Komma, getrennt, zwei zu Fuß, einer auf dem Pferd, selbst ein beschränkter Leser würde lesen, dass nicht alle drei Protagonisten auf einem Pferd ritten. Tierschutz, falls der Lektor davon zufällig mal was gehört habe, nachhaltige Pferde, usw. usw. Ferner tummelten sich im feingezeichneten Figurenensemble der 930 Seiten gutsituierte Söhne, welche die dubiosen Firmen ihrer Väter übernahmen, fächelnde Mütter mit schlecht restaurierten Dekolletés, erfolgreiche Rechtsanwälte, die ihren Angebeteten nur bis zur Schulter reichten, und Zahnarztfrauen, die dreimal in der Woche ihre Kaltwelle erneuerten.

Als Dieter die erste Zigarette halb geraucht und den letzten Schluck Wein zu sich genommen hatte, wusste er wieder, wie er hieß und welches Jahr man schrieb. Er guckte noch mal über den Bach, hatte er doch vorhin gedacht, eine extrem bezaubernde Tochter zu sehen, es aber wieder verworfen, weil er morgens immer Dinge sah, die es nicht gab. Doch siehe da: Die extrem bezaubernde Tochter war kein Trugbild. Hineingehaucht in ein weißes Kleid mit purpurnen Schmetterlingsapplikationen, auf dem eleganten Hals ein eleganter Kopf, darauf ein von der Sonne zum Leben erwecktes goldenes Diadem, hob sie die auserlesenen silhouettenhaften Arme so natürlich und ungekünstelt seitlich von ihrem extrem schönen Leib, der bis kurz vorm Jugendschutz unter dem Stoff hervorschimmerte. Sie drehte sich, scheinbar getragen vom morgendlichen Odem der Natur, immer wieder um sich selbst. Dieter wurde ganz schwindlig.

Plötzlich trat von rechts ein Herr ins Bild, stellte sich vor Dieter hin, lüftete seinen Hut und sagte: »Guten

Morgen, Herr Müller, ich bin der hoffnungsvolle Vater dieser da drüben sich um sich selbst drehenden extrem bezaubernden Tochter.«
Dieter rechnete im Kopf nach, er wollte nachher zum ALDI, hatte noch drei Euro, ein Anfang, er antwortete: »Ich heiße nicht Müller. Hau ab!«
»Müller ist doch ein guter Name«, erwiderte der hoffnungsvolle Vater, »gerade für eine Figur in einem Nebenstrang.« Er setzte sich. Dieter packte sein Taschentuch ein, warf die Flasche ins Gestrüpp, zog den Rotz hoch, rotzte dem hoffnungsvollen Vater vor die Füße und fragte: »Kenne ich dich?«
»Wir stehen in demselben Roman. Ich gehe hier immer entlang, wenn ich gelesen werde. Hundertvierunddreißig Seiten später wird mir vom Autor aufgegeben, den homosexuellen, tollkühnen Reiter im Bach zu ertränken«, bemerkte noch, er könne als geschriebene Figur einschätzen, dass diese Passage, literarisch und poetisch ihresgleichen suchend, die Schlüsselszene des Werkes sei. »Sie, Herr Müller«, fuhr er fort, »haben mit dem Ausgang des Romans natürlich nichts zu tun. Der Autor möchte die extrem bezaubernde Tochter in Kontrast setzen, schön und ein wundervolles Leben, so lebenswert im Gegensatz zu Ihrem unsinnigen Dasein, eine Zierde, Sie dagegen ein hässlicher Rand, finster, verschwommen, überflüssig. Der Leser wird fokussiert, muss Sie lesen, weil er weiterkommen möchte, wieder eintauchen in Schönheit und sprühenden Geist.«
»Du kannst mich mal«, sagte Dieter.

»Der Leser liest, was für ein Tagedieb sich in großartige Leben einschleichen kann, mithin möchte er Sie tilgen mit seiner Fantasie. Hören Sie, es geht auch um die Motivation, die Sie nicht haben. Meine Motive schmerzen mich, und schmerzhafte Motive sind immer von edler Natur. Ich bin besorgt um das Wohl meiner extrem bezaubernden Tochter, die in der Folge des, zugegeben, in diesem Teil sehr tragischen Textes einen homosexuellen, tollkühnen Reiter ehelichen möchte, von dem sie aber nicht weiß, dass er tollkühn, homosexuell und ein Reiter ist. Um sie, also meine von reinem Blut geprägte, extrem bezaubernde Tochter zu schützen, werde ich den Tunichtgut im Bach ertränken, was mir der Leser danken wird. Wer, Herr Müller, möchte denn einen homosexuellen Schwiegersohn, egal, ob tollkühn oder Reiter? Da würde ich, ginge es um Leben und Tod, sogar Sie vorziehen. Der Schriftsteller bringt den Rand zum Zentrum der Handlung, geschickt und kurz. Das ist grandios, Herr Müller, da muss man von Literatur keine Ahnung haben, um die Tragweite zu erkennen. Ich möchte Ihnen das kurz noch mal für Ihresgleichen herunterbrechen. Während Sie also …«

»… bist du der Förster?«, fragte Dieter zwischenrein.

»Wohl wegen meiner grünen Kleidung?«, sagte der hoffnungsvolle Vater. »Ich musste meiner Gemahlin, die über dem Leid unserer Tochter am Herzen erkrankte und schließlich traurigen Auges aus dem Leben schied, in ihre sterbende Hand versprechen, immer Hoffnung mit mir zu tragen!«

»Wer?«, fragte Dieter und zupfte sich Tabak von der Zunge.
»Sie müssen wissen, ich habe mir zur Angewohnheit gemacht, immer etwas durchweg Grünes anzuziehen. Sind Sie in der Lage, Herr Müller«, der hoffnungsvolle Vater rückte näher, »trotz Ihrer Beschränktheit das Vollkommene dieser Metapher zu erkennen? Hoffnung, Kleidung, grün?« Er antwortete selbst und sagte: »Ich denke nicht. Mein armes Kind. Schriftsteller können auch Barbaren sein, wenn es um Verkaufszahlen geht.«
»Sieh an«, sagte Dieter, »und wie lange hat einer wie du Ausgang?«
Der hoffnungsvolle Vater, die Frage überhörend, zeigte unterdes mit zitternder Hand über den Bach, dorthin, wo sich die extrem bezaubernde Tochter immer noch um sich selbst drehte. »Sehen Sie, Herr Müller, das dort drüben, meine Maia Rovena Jolie, ist die unangefochtene Romanheldin.«
Dieter packte den hoffnungsvollen Vater am Schlafittchen und brüllte: »Jetzt pass mal auf, du Grünspecht, ich heiße nicht Müller!«, ließ ihn wieder auf die Bank fallen, schnippte die Kippe weg, guckte die Fächer seines Portemonnaies nochmals durch, immer noch drei Euro, und fragte den hoffnungsvollen Vater: »Hast du mal zwei Euro?«
»Großartig, Herr Müller!«, rief der hoffnungsvolle Vater. »Nur das Genie schlägt solche armseligen Fragen in den unzerbrechlichen Stein des Lebens!«

Dieter holte aus, wollte dem Grünen endgültig eine reinhauen, besann sich aber, zwei Euro waren nicht von Pappe. Er kratzte sich stattdessen am Kopf.
»Mein geschätzter Herr Müller, Sie machen dem Schriftsteller dieses Werkes wirklich alle Ehre, Donnerwetter«, sagte der hoffnungsvolle Vater und rief über den Bach hinüber: »Maia Rovena Jolie, es wird alles gut!«
»Haste nun mal zwei Euro?«
»Sehen Sie, Herr Müller, mit welcher Genialität der Schriftsteller die Dialoge seiner Figuren gewählt hat. Ich bange als ein hoffnungsvoller Vater um das Wohl meiner extrem bezaubernden Tochter, die sich in ihrer reinen, unschuldigen Einfalt in einen homosexuellen, tollkühnen Reiter verliebt hat, die in der tiefen Talsohle ihres kaum begonnen Lebens die Mutter darüber verlor, und Sie sind blind und fragen mich nach zwei Euro. Das sind die Dinge, die des Genius bebende Feder ins harte Papier des Lebens reißt. Ich wünschte, ich könnte mit Ihnen tauschen.«
Und dann legte der hoffnungsvolle Vater, ein Zucken in den Mundwinkeln, den Blick beschlagen, die rechte Hand auf Dieters Schulter und fuhr fort: »Sie hocken hier in diesem außerordentlichen Roman, unberührt von den Nöten Ihrer Mitmenschen, und fordern und fordern. Verstehen Sie, was für eine beispiellose Leistung der Schriftsteller mit dem Confer unserer beider Figuren allein nur am äußersten Rand der Geschichte vollbringt, wie er Sie, Herr Müller, immer dreister wer-

den lässt, während er mich mit Leid überschüttet?«

»Ein Euro tät's auch«, sagte Dieter.

»Sehen Sie, Herr Müller, Sie sind nur das unbedeutende Spalier in diesem bedeutenden Werk, ein Fingerzeig, ein dunkler Schatten, der den Leser kurz erschrecken lässt. Aber wie Sie selbst unschwer an sich erkennen können, sind Sie doch ein sozial immens wirksames Kleinod für einen Protagonisten der Oberklasse. Nun, um auf Ihre Frage zurückzukommen, ich trage nie Bargeld bei mir.« Der hoffnungsvolle Vater drückte die Knie zusammen, legte die Hände darauf und sah hinüber zur extrem bezaubernden Tochter, die sich noch immer drehte. Die letzten Nebelfetzen lösten sich vom Boden, um in den azurblauen Himmel zu steigen. Dieter packte seinen Kram zusammen.

»Ist sie nicht bezaubernd?«, sagte der hoffnungsvolle Vater versonnen und zu sich selbst. Dieter wollte gehen. Plötzlich begann der Boden zu beben. Der hoffnungsvolle Vater rief voller Entsetzen: »O Schreck, sehen Sie nur, der homosexuelle, tollkühne Reiter kommt!« Er warf die Hände gen Himmel, sprang auf, rannte und strauchelte, fiel und kam nicht mehr hoch. »So helfen Sie mir doch!«, rief er. Dieter stand wie angewurzelt. Die Erde bebte erneut. Aus der schon weißen Glut der Sonne ritt ein homosexueller, tollkühner Reiter auf einem Pferd genau auf die extrem bezaubernde Tochter zu. Der hoffnungsvolle Vater krümmte sich am Boden und schrie verzweifelt um Hilfe. Dieter scherte sich nicht um jemand, der am Boden lag und kein Bargeld einstecken hatte. Das jetzt farblich als relativ dunkel einzustufende Pferd war sehr nahe, rammte seine Hinterhufe in die Erde, bäumte sich auf, wieherte markerschütternd und sprang in einem gewaltigen Satz über die noch immer sich um sich selbst drehende extrem bezaubernde Tochter und den Bach hinweg. Genau vor Dieter bremste das Pferd scharf und schnaubte ihm ins Gesicht. Der homosexuelle, tollkühne Reiter lachte gleich seinem Pferd mit großen weißen Zähnen und sprang aus dem Sattel, um Dieter, der den Neuankömmling nach zwei Euro fragen wollte, fest zu umarmen und zu rufen: »Mon Ami!«

»Dir gebe ich gleich Ami!«, brüllte Dieter. »Ich bin Deutscher.« Er packte den homosexuellen, tollkühnen Reiter und verpasste ihm eine Kopfnuss.

Der hoffnungsvolle Vater, unterdes vom Boden hochgekommen, keuchte, dass er den Betrüger seiner Tochter eigenhändig ertränken müsse, so stünde es geschrieben. Dieter aber erhöhte die Frequenz der Kopfnüsse, denn der homosexuelle, tollkühne Reiter hatte ebenfalls kein Bargeld dabei, nähme auch nie welches mit, wenn er ausreite. Der hoffnungsvolle Vater wollte zur Tat schreiten, den homosexuellen tollkühnen Reiter nun endlich zu ertränken, doch als er einen Schwindelanfall bekam und taumelte, fiel ein gewaltiger Buchdeckel auf ihn drauf.

So schöne Blumen

In meinem Briefkasten lag ein Flyer des Weltbildverlages. Während ich die Treppen wieder hinaufstieg, den Flyer beguckte, erinnerte ich mich, von denen schon drei Bücher gekauft zu haben: *Trennkost, Balkonpflanzen winterhart* und *Fahrschule leicht gemacht.* Letzten Monat, extra für mein neues Bücherregal! Das war ein Total-Schnäppchen von HSE24, da hätte es bei sieben Regalen eins gratis gegeben, die waren ganz schnell ausverkauft! Bei dem Angebot hätte ich die sieben genommen, passen aber nicht ins Wohnzimmer, auch wenn ich die Polstergarnitur und meinen Sessel weggeräumt hätte.
Das Regal reicht über die gesamte Wand, es sind sogar noch fünf Bretter übrig. Nun brauche ich mehr Bücher, die drei sieht man kaum, also, wenn mal einer kommen würde, der würde sich vielleicht zu Tode wundern und sagen: Herr Püschel, in der Hauptsache leere Bretter im Bücherregal. Sie wissen schon, dass die Leute reden.
Ich bestelle gern, nicht nur Bücher, denn das mit dem Postboten macht mir richtig Freude. Ich bin jedes Mal ganz aufgeregt, wenn er zu mir in den fünften Stock steigen und auch noch freundlich sein muss, was sonst keiner tut. Ich lege auch gleich los, nette Begrüßung, breites Lächeln, Hand reichen, nach der werten Gattin fragen, nach dem Urlaub, dem Hund und den Kindern, ob er gern Werbesender guckt und was man sonst noch so sagt. Natürlich lege ich auch Wert auf eine

Verabschiedung, eine herzliche, eine, die ausdrückt, dass man sich aufs nächste Mal freut, breites Lächeln, Hand reichen, winken, bis er im Treppenhaus verschwunden ist.
Ich bestellte regelmäßig bei dreizehn Fernsehsendern. Haben die allesamt nichts nach meinem Geschmack, gibt es noch den guten, alten OTTO-Versand. Oder den NATO-Military-Shop, der ist auch ganz witzig. Im Internet zu kaufen lehne ich ab, da wird mit unsereinem allerhand Schindluder getrieben. Betrügen kann ich mich selbst.
Für die Sachen, die ich bestelle, finde ich zum Teil keine Verwendung, weil ich, wenn ich's habe, plötzlich keine Verwendung mehr finde. Ich werfe aber nichts weg, habe mein Schlafzimmer ausgeräumt, das brauche ich nicht mehr, meine Frau ist weg, ist praktisch ein toter Raum, der war aber noch nie richtig lebendig. Die bestellten Sachen, die ich nicht verwenden kann, bringe ich dort gut unter, bis ich sie verwenden kann. Das Kinderzimmer ist bereits bis unter die Decke und vor zur Schwelle ausgelastet. Vielleicht, und davon gehe ich aus, kommt irgendwann eine Zeit, in der ich denke, Mensch, hättest du das doch nur bestellt, zum Beispiel, die batteriebeheizten Einlegesohlen, eine Mütze mit Ohrschützer, die mich regelmäßig über meine Herzfrequenz informieren, die Sammeltassen, die nicht kaputtgehen, weil sie aus Plastik sind, oder das Strahlungsmessgerät für Infanteristen. Sollte das so weitergehen, wovon ich ausgehe, werde ich einmal froh sein, es aufgehoben zu

haben. Dann die blinkende Tischdecke, gut, die beißt sich geschmacklich momentan noch mit der schillernden Discokugel überm Wohnzimmertisch, doch wenn die kaputt geht, kann ich die Tischdecke getrost auflegen, zwei wasserdichte Hundeleinen und die zwölf Teeeier werden augenblicklich auch nicht gebraucht, so ohne Hund, und den Tee immer von den Beuteln in die Eier umzuschütten, dass ist ja alles Lebenszeit! Nur die tollen Kunstblumen, die bestelle ich monatlich, nach den dominanten Farben der jeweiligen Jahreszeit, dieses Mal schöne glattgelbe. Ende Juni, habe ich sie gefächert an die Hutablage meiner Flurgarderobe geklemmt. Wenn mal einer kommen würde, dann würde der die Augen aufreißen und sagen: So schöne Blumen, Herr Püschel, wie die leuchten, zu Ihnen kommt man gern. Auf der Vorderseite des Flyers, den ich mir genauer angucke, sind drei Bücher abgebildet: *Nathan der Weise*, im neuen Design, Christa Wolfs *Geteilter Himmel* und *Achtung, Baby* von Michael Mittermeier. Von der Rückseite lächelt ein kleiner Junge mit einem achtzig Zentimeter großen Plüschbären für 19,90. Ich wusste gar nicht, dass die auch Spielzeug anbieten.
Christa Wolf habe ich vor Jahren versucht. *Störfall*, glaube ich, heißt das Buch, wenn es aber nach fünfzehn Seiten immer noch keine Leiche gibt, dann lege ich es auch wieder weg. Wahrscheinlich hat sie es gut gemeint, aber ob das beim Schreiben eben immer reicht?
Bestellte man Christa Wolf zweimal, gäbe es gratis einen Korkenzieher, der spricht, indem er mir mitteilt, dass

der Korken gezogen sei. Die neun, die ich schon gesammelt habe, sind stumm, aber vielleicht kommen schweigende Korkenzieher wieder in Mode. Ich könnte es mit der Christa noch mal versuchen, sollte ich scheitern, hätte ich aber einen sprechenden Korkenzieher.
Nathan der Weise, auch nicht einfach, den haben wir in der Schule gelesen und auch besprochen. Ich weiß noch, wie mich der Lehrer, so aus heiterem Himmel, das machte er gern, nach einer Ringparabel fragte, worauf ich mein Mathe-Buch aus der Tasche holte und sagte, dass wir doch jetzt Deutsch hätten, oder was? Ob man Stundenpläne ändern könne, ohne den Schülern Bescheid zu geben.
Vielleicht sollte ich den *Nathan* bestellen, das hat mich damals schon gewurmt, die nickten alle und ich nicht. Ihn noch einmal lesen, nicht so unter Druck und ohne den dämlichen Lehrer, und nicht nur Anfang und Ende, möglicherweise würde ich mir kräftig gegen die Stirn klatschen, mich ins Treppenhaus stellen und rufen: Schau an, die Ringparabel hat der gemeint! Könnte doch sein, dass mal einer kommen würde, und ich sagte Guten Tag, und er grüßte auch, fragte, ob er eintreten dürfe, aber selbstverständlich, ich bitte darum, würde ich freundlich sagen, ihn unter den gelben Blumen seine Jacke ablegen lassen, und er würde mich ansehen, seinen Hut an den Haken hängen und sagen: Herr Püschel, Sie sehen mir aus wie einer, der über die Ringparabel Bescheid weiß; da würde ich mich freuen, als Besuchter, wenn sich einer freut, dass ich Bescheid weiß.

Mit Hörbüchern habe ich es auch versucht, wegen der Unterhaltung. Aber was soll ich sagen? Ich bin regelmäßig eingeschlafen, und wenn man dann mittendrin aufwacht, weiß man ja nicht mehr, wer mit wem und warum, außer bei *Vom Winde verweht*, da macht ein Nickerchen nichts. Doch das geht nicht überall. Bei der Wolf, zum Beispiel, müsste man von vorne anfangen. Könnte ja mal einer kommen und sagen: Guten Tag, Herr Püschel, ich sehe, Sie haben mich erwartet; natürlich, würde ich antworten, natürlich habe ich Sie erwartet, kommen Sie doch herein; und er würde unter den gelben Blumen stehenbleiben, um gleich loszudiskutieren, stimmen Sie mir zu, dass in Christa Wolfs *Der geteilte Himmel* Rita und Manfred die beiden rivalisierenden Gesellschaftsordnungen der damaligen Zeit repräsentieren? Und ich würde dastehen wie ein begossener Pudel und stottern: Rita, Manfred, ich weiß nicht immer, wer hier ein- und auszieht.
Mittermeier geht mit Hörbuch, der geht mit Hörbuch besser, weil man ihn nicht sieht, was bei dem viel ausmacht, andererseits ist er wenig bis gar nicht witzig, hört man ihn bloß, denn weder Buch noch CD können annähernd so bescheuert durchs Wohnzimmer hüpfen. Also halbwegs witzig ist der Mittermeier nur, wenn man ihn sieht.
Ich öffne einen Teebeutel, schütte den Tee in eines meiner hervorragenden Teeeier und brühe Thymian mit einem Schuss Honigmelone, bestellt bei 1-2-3 TV. Die stellten letztens einen Tee-Newcomer vor, ein Glück,

dass ich rechtzeitig nach Hause kam, ich hatte den Bus verpasst.
Die Sache mit den Bestellungen sollte durchdacht sein. *Trennkost, Balkonpflanzen winterhart* und *Fahrschule leichtgemacht*, das war noch keine Bibliothek.
Also, wenn doch mal einer kommen würde, schließlich hat das Jahr 365 Tage, und er würde sagen, Guten Tag, Herr Püschel, unter den Blumen hindurch aber schon ins Wohnzimmer gestürmt sein und mit dem ersten Blick festgestellt haben: Meine Fresse, Herr Püschel, drei Bücher! Oder lesen Sie das Holz? Seien Sie froh, dass nur ich das sehe ... und er würde mir einen guten Rat geben dürfen und sagen, wenn ich Ihnen einen guten Rat geben darf, die Wolf und der Lessing, die wären schon mal ein überragender Anfang, die würden glatt den Raum für acht oder neun der Bücher ausfüllen, von denen ich glaube, dass Sie die normalerweise lesen.
Alle drei Bücher zu bestellen, das wäre zu teuer; den Mittermaier würde ich mir schenken lassen, die Wolf und den Lessing, die müsste ich schon bestellen, da würde ich dem recht gegeben haben, wenn er doch gekommen wäre, um mir einen guten Rat gegeben zu haben. Und ich müsste die Bücher lesen. Ein ungelesenes Buch ins Regal zu stellen, da konnte man ganz schnell ins Hintertreffen geraten, wenn mal einer kommen würde und klingeln, sich verneigen und sagen: Guten Tag, Herr Püschel, entschuldigen Sie mein unangemeldetes Erscheinen, wollte nur Gewissheit dar-

über, sagen Sie, irre ich mich, oder lesen Sie die Bücher, die Sie sich ins Regal stellen?
Da müsste ich zu Boden blicken und beginnen, die Karos auf meinem Teppich zu zählen, auf meinen kleinen Teppich, während er sagen würde, genug der Entschuldigungen und der Rücksicht, Herr Püschel, frage ich doch mal so, was wissen Sie denn über die Ringparabel? Welche Schlüsselszene unterscheidet Lessings Werk vom Decamerone des Boccaccio? Die Karos auf meinem kleinen Teppich wären längst zu Ende gezählt, und mir bliebe bloß zu raten, Boccaccio, war das nicht der mit der langen Nase?
Plötzlich höre ich vor meiner Wohnungstür jemand hantieren. Das kann nur mein Nachbar Koschlik sein, Friedrich Koschlik, beim Schuheputzen, nehme ich an. Dem war überneulich die Frau davongelaufen, seitdem putzt der seine Schuhe selbst, braucht das ganze Haus. Koschlik kann mich nicht leiden, weil vor meiner Tür drei Fußabtreter liegen, deren Zipfel zwei Zentimeter über seinen eigenen, alten, abgelatschten reichen. Ich habe das schon mit Bedacht gemacht, das mit den mehreren Fußabtretern, wenn doch mal einer kommen würde, der noch einen mitbrächte, dass wir bei zwei wären, und draußen das größte Sauwetter, die Schuhe dreckig, vier Schuhe, in diesem Fall, um genau zu sein, da frage ich mich, was der Koschlik gegen drei Fußabtreter hat?
Wofür brauchen Sie denn drei Fußabtreter?, hatte er gefaucht.

Das geht Sie gar nichts an!, fauchte ich zurück, meine Tür, Herr Koschlik, die hier, und gestern habe ich noch einen bestellt, einen mit Begrüßungs-Leuchtschrift, falls Sie Ihre Schuhe auch mal nachts putzen wollen, dann werden Sie nicht umhin können, mir zu danken und zu sagen, das war aber mal eine gute Idee, Herr Püschel, hier einen leuchtenden Fußabtreter hinzulegen.
Koschlik war Postbeamter, immer akkurat, der Friedrich Koschlik, aber die Frauen liefen ihm seit seiner Geburt davon. Vielleicht hatte er ja abends immer eine trockene Zunge von der vielen Briefmarkenableckerei. Möglicherweise konnte er dann mit seiner Frau nicht mehr reden, wenn die sagte, Friedrich, wir müssen reden.
Ich begann durch die Wohnung zu wandern, den Flyer noch immer in der Hand, und dachte, Mensch, Dieter, bestell dir erst einmal den Lessing, der ist schön aufgemacht, mit Gold und schnörkeliger Schrift, auch wenn du ihn nicht begreifst, kostet sogar 2 Euro weniger als der Wolf ihr Buch, obwohl das nach nichts aussah. Möchte wissen, wo sie die zwei Euro mehr verbaut hatten an der Wolf ihrem Buch. Von Weitem sah es gar aus wie *Balkonpflanzen winterhart*, und wenn mal einer kommen würde, der würde seinen Hut gar nicht erst abnehmen, die gelben Blumen keines Blickes würdigen und sagen: Sagen Sie mal, Herr Püschel, gucke ich doppelt, oder haben Sie etwa *Balkonpflanzen winterhart* zweimal! Nicht auszudenken, was das mit mir machen würde.

Ich setze mich, ich brauche Ruhe, steh wieder auf, brühe mir einen echt indischen Tee, der ist wirklich gut. Den bekommt man aber nur bei QVC, versicherte die Moderatorin, der ging auch weg wie warme Semmeln, die blenden unten immer die Verkaufszahlen ein, das lief und lief, da war ich froh, mir gleich vier von den preisgesenkten Doppelpacks gesichert zu haben.
Wenn mal einer kommen würde, und der würde draußen stehen und frieren, vielleicht noch nass und mit Sandalen, und der würde fragen, Herr Püschel, hätten Sie einen guten indischen Tee für mich, könnte ich ihm ohne Umschweife sagen, natürlich habe ich einen guten indischen Tee für Sie, und ihn dafür loben, welch gute Idee er hatte, bei mir zu klingeln.
Ich drehe den Weltbild-Flyer in meinen Händen, muss mich entscheiden und aufs Geld gucken. Was soll ich tun? *Der geteilte Himmel, Nathan der Weise, Achtung, Baby*, hinten drauf der Teddybär.
Vier Tage später kam der Postbote heraufgestiegen, ich war schon ganz aufgeregt.
Er hatte meine Bestellung unterm Arm. Endlich, dachte ich, meine Bestellung. Ich hätte ihm gern auch einen echten indischen angeboten, aber Postboten haben ja nie Zeit, und ich unterschrieb, er gab mir den Teddybären und rief, keine Zeit, Herr Püschel!

Schmaler Treppenhaus-Talk

Birgit quält sich zur Haustür rein, setzt die zwei Taschen ab, guckt die Treppe hoch und sagt: Scheiße. Von oben kommt Klara, die Nachbarin von Birgit, zwar jünger, aber auch schon nicht mehr begeistert, bleibt stehen, guckt zu Birgit runter: »Ach, Birgit, du bist's, du pfeifst doch heute gar nicht. Ich dachte, der Enno kommt, dem muss ich immer die Taschen hochtragen.«

»Warum soll ich denn pfeifen?«, fragt Birgit, »deswegen kommt auch kein Fahrstuhl.«

»Sonst pfeifst du doch immer. Ich sage jedes Mal, Enno, horch, die Birgit kommt, die ist immer gut gelaunt und glücklich.«

»Meinst du mich?«, fragt Birgit.

»Wie viele Birgits wohnen denn neben mir?«

Birgit verdreht die Augen, setzt sich auf die unterste Stufe und guckt die Haustür an.

»Neulich«, sagt Klara und setzt sich daneben, »fragt mich doch der Schwachkopf, ohne Scheiß, ob ich denn auch glücklich sei, wenn ich nach Hause käme.«

»Welcher Schwachkopf?«, fragt Birgit.

»Wie viele Schwachköpfe wohnen denn bei mir?«

»Mir fällt jetzt bloß der eine ein«, sagt Birgit.

»Der reicht auch«, sagt Klara, »der hätte sogar das Zeug für zwei Schwachköpfe.«

»Dann wohnen theoretisch schon vier im Haus«, sagt Birgit.

»Du meinst den Frank?«, fragt Klara.

»Wer wohnt denn sonst bei mir«, sagt Birgit. »Ich pfeife auch nicht, wenn ich komme, ich pfeife, wenn ich gehe.«

»Aber ihr habt so glücklich ausgesehen«, sagt Klara.

»Wann denn?«, fragt Birgit.

»Damals, bei eurer Hochzeit.«

»Das ist doch schon ein Jahr her. Wie lange hat's denn bei dir gehalten?«

»Zwei Jahre.«

»Guck an«, sagt Birgit, »lag aber nicht am Enno, oder?«

»Was?«

»Dass du zwei Jahre glücklich warst.«

»Nee«, sagt Klara, »an mir. Wir sind die zwanzig Jahre trotzdem zusammengeblieben, Wohngemeinschaft, der zahlt die Miete, ich kümmere mich ums Essen.«

»Das ist bei uns ähnlich«, sagt Birgit, »nur dass wir keine Gemeinschaft sind.«

Plötzlich poltert etwas gegen die Haustür. Birgit fährt zusammen, Klara nicht. »Das ist bestimmt die ferngesteuerte Blonde aus dem Erdgeschoss«, sagt sie.

»Wer?«

»Die ist mit ihrem Freund unten eingezogen, hast du das nicht mitgekriegt?«

»Nee.«

»So ein junger Kerl, nichts Besonderes, früher oder später wird das ein Enno oder Frank.«

»Eher früher«, sagt Birgit. »Wie heißen die denn?«

»Am Klingelschild steht Loretta-Madeleine Meier.«

»Und er?«

»Keine Ahnung, vielleicht ist das Klingelschild zu kurz. Bei Loretta-Madeleine Meier siehst du Meier kaum.«
»Und warum poltert's gegen die Haustür?«
»Ganz einfach«, sagt Klara, »die kennt den Weg hierher noch nicht, läuft nach dem Handy, und wenn die Siri die Tür nicht ansagt, passiert das schon mal.«
Loretta-Madeleine schiebt die Haustür auf und hält sich die Stirn. Sie trägt Kopfhörer in der Form von Mickey-Mouse-Köpfen und ist von hintenrum bis rechts vorne rauf verkabelt. Sie bleibt vor Birgit und Klara stehen, das Handy sagt, Verkehrseinschränkung in einem Meter.
Klara und Birgit sagen: »Hallo!«
Loretta-Madeleine fragt das Handy nach alternativen Routen.
Klara sagt: »Ist nur schade um die Haustür.«
Birgit hebt die rechte Hand, spreizt die Finger und winkt.
»Was soll das werden?«, fragt Klara.
»Gebärdensprache«, sagt Birgit, »heißt: Hallo.«
Loretta-Madeleines Head-Set beginnt in Kinnhöhe zu blinken. Siri sagt, die Verbindung wird aufgebaut.
»Linus-Leander, ich bin's«, sagt Loretta-Madeleine aufgeregt zu ihrem Freund, »mir sitzen zwei alte Frauen im Weg, die eine hebt die Hand, ich habe mein Pfefferspray vergessen. Was soll ich machen?«
Birgit guckt Klara an und sagt: »Der Enno hat dich ernsthaft gefragt, ob du glücklich bist, wenn du nach Hause kommst?«

»Tatsache«, sagt Klara, »aber der ist so. Der ist jünger als ich, der ist nach der Wende in die Schule gegangen, da musst du Abstriche machen. Ich dachte erst, ich hab's an den Ohren, im Alter geht ja jeden Tag was kaputt, meine Ohren sind aber noch gut. Sicher, Enno, habe ich gesagt, bin ich glücklich, wenn ich heimkomme, du hörst das bloß nicht, weil ich nicht pfeifen kann.«
»Was für eine Pfeife«, sagt Birgit, »dabei können die froh sein, dass wir überhaupt wiederkommen.«
Die Klara pfeift … *ein Schiff wird kommen* …
»Ich denke, du kannst nicht pfeifen.«
»Wer in unserem Alter pfeift, weil er nach Hause kommt, hat entweder Asthma oder eine Zahnlücke.«
Loretta-Madeleine telefoniert noch, sagt: »Linus-Leander, ich habe dich nicht verstanden.«
Linus-Leander spricht so laut, dass es im gesamten Haus zu hören ist. »Schatz«, sagt er, »beruhige dich und frage, ob dich die alten Frauen vorbeilassen«
»Aber, Linus-Leander«, widerspricht Loretta-Madeleine, den Tränen nahe, »wie soll ich denn das anstellen, ich habe von keiner eine Telefonnummer?«
»Vielleicht können die nicht mehr aufstehen, rufe die 112, oder deine Freundin, die Charlotte-Chantal, das ginge schneller, mit dem Bus ist die in einer halben Stunde da.«
»Kannst du nicht rauskommen?«
»Ist jetzt schlecht, ich habe mich hingelegt, ich muss ja nächste Woche wieder ins Büro.«
Birgit sagt zu Klara: »Mach's wie ich, geh öfter weg.«

»Und dann?«, fragt Klara, »tauschen die den Frank aus, wenn du weg bist?«
»Nee, aber Fakt ist, je öfter du nach Hause kommst, desto öfter freust du dich, dass dir wieder was einfällt, um noch mal wegzugehen.«
Klara sagt: »Vielleicht sollte ich die Brötchen einzeln holen, könnte ich sechsmal verschwinden.«
»Oder«, sagt Birgit, »acht Brötchen. Ich bin auch vergesslicher geworden: Zucker, Salz, Haarwäsche, Spülmittel, alt genug sind wir, was zu vergessen, es ist die einzige Wahl, die wir noch haben, zu wählen, was man vergisst. Seit ich mit dem Frank zusammenwohne, bin ich nur noch unterwegs, um Sachen zu holen, die ich nicht vergessen habe. Stell dir vor, gestern sagt die Dicke an der Kasse zu mir …«
»… meinst du die mit den falschen Wimpern?«, fragt Klara.
»… genau die, sagt die doch zu mir, ihre Mutter würde auch schon einiges vergessen. Ich sagte: meine erst, die ist gestern geplatzt, weil sie nicht mehr wusste, wann sie mit dem Essen aufhören sollte.«
»Frank geht wohl nicht einkaufen?«, fragt Klara.
»Bis der die Treppe runter ist, sind die Läden zu.«
»Wenn ich den Enno schicke, kriegt der nur Zettel, wo draufsteht, was er nicht mitbringen soll.«
»Du machst so lange Zettel?«
»Ich habe Zeit, Hauptsache, ich kann von dem, was er mitbringt, irgendwas essen oder trinken. Dazu kommt«, sagt Birgit, »dass letztes Jahr neben dem

ALDI ein Baumarkt aufgemacht hat. Der bringt nur Leisten und Schrauben und Klebeband, und ich sage, gibt's heute Schraubensalat an Klebeband auf Leisten süß sauer.«
»Der Enno«, sagt Klara, »hat zwei linke Hände, der kauft nichts, was er bauen muss. Sag mal, Birgit, wie geht's denn deiner Tochter, die ist doch auch verheiratet?«
»Die pfeift auch schon, wenn sie aus dem Haus geht.«
Klara guckt nach oben und sagt: »Eine Nacht Feuersbrunst, dann ein Leben lang feuchtes Holz und nichts mehr zum Anzünden.«
»Mir ist sogar das feuchte Holz ausgegangen«, sagt Birgit.
Klara steht auf. »Ich muss jetzt wieder, wenn der nicht kommt.«
Loretta-Madeleine steht noch immer zwischen Treppe und Haustür, telefoniert mit ihrem Freund, plötzlich geht die Haustür auf, es poltert, sie hält sich den Hinterkopf, sagt: »Aua!«
Enno steht in der Tür mit einer prallgefüllten Einkaufstüte und keucht.
Klara guckt, sieht auf die volle Tüte und sagt: »Du solltest doch bloß Senf holen! Ist der Becher so groß, oder gab's den lose?«
»Ach«, sagt Enno, »Senf, ich wusste, irgendwas habe ich vergessen, aber es gab Kugelschreiber im Angebot, zehn Stück für zwanzig Euro, und Gardinenweiß, die große Flasche extra Plus, 100ml mehr, für drei Euro

neunundachtzig statt vier Euro dreiundzwanzig, da muss man zugreifen.«
Klara greift auch, sich an die Stirn und sagt. »Wenn du dich in der Wohnung mal umguckst, wir hatten noch nie Gardinen, und Kugelschreiber können wir drei Jahre exportieren, ohne nachzukaufen.«
Birgit lacht und steht auf. Da sieht sie den Frank, wie er sich oben übers Geländer beugt, und ruft. »Birgit, bist du ausgezogen, oder kommst du wieder! Ich habe Wasser auf dem Herd, das wird nicht heiß.«
Enno ruft: »Frank, beim ALDI gibt's günstige Kugelschreiber!«
Klara holt aus, Enno ist aber noch zu weit weg. Birgit guckt zu Frank hoch und sagt zu Klara: »Der hat letztens vorne links angemacht und den Topf hinten links draufgestellt.« Klara grinst.
Birgit fragt: »Warst du heute schon einkaufen?«
»Klar, um achte.«
»Hast du wirklich alles mitgebracht?«
»Wie alles mitgebracht?«
Birgit verdreht die Augen. Enno hält dem Frank einen Kugelschreiber hoch und lacht beschränkt. »Ob du was vergessen hast«, zischt Brigit und zwinkert sich halbtot. Klara lässt den Groschen fallen, sie sagt: »Warte mal, doch, na, klar, gut, dass du gefragt hast, die Geschirrspülertabs sind alle.«
Enno hält den Kugelschreiber immer noch hoch, hat's aber gehört und guckt verdutzt und sagt: »Wir haben doch gar keinen Geschirrspüler!«

»Siehst du«, sagt Klara, »den habe ich auch vergessen.« Brigit ruft: »Frank, nimm den Wasserkocher, da wird das Wasser auch heiß, ich muss noch mal los, die Klara hat den Geschirrspüler vergessen, ich helfe ihr tragen.« Sie schiebt Loretta-Madeleine, die zu Linus-Leander sagt, dass die Treppe jetzt frei ist, von der Treppe weg, macht die Haustür auf, zieht die Klara nach draußen und beide beginnen sofort zu pfeifen ... *alles hat ein Ende, nur die Wurst hat zwei ...*

Der Rahnert

Ich sitze im Wartezimmer.
Eine Frau mit schlechtgemachter Perücke beugt sich zu ihrer linken Nachbarin und sagt, ich war die Woche schon dreimal hier, wegen meinem Zucker, einem Gallenstein und meinem Herzen, das, wie ich denke, nachts manchmal aufhört.
Der Lautsprecher oben in der Ecke verkündet, Frau Beck bitte, in Kabine eins. Herr Butz bitte, in Kabine zwei!
Die linke Nachbarin der Frau mit der Perücke wippt eine gelbe Tasche auf den Knien und antwortet, Zucker habe ich auch, außerdem zwei Gallensteine, das Herz wäre in Ordnung, sagen die, ist es aber nicht, hört wie bei Ihnen nachts auf, aber tagsüber eben auch, scheiß Ärzte.
Seien Sie froh, dass sie kein Wasser in den Beinen haben,

mischt sich nun die rechte Nachbarin ein, von der ich denke, sie hätte Kohlenstaub über der Oberlippe, dabei wuchs ihr ein Bärtchen, so ein dünnes, wie bei Errol Flynn.
Die Beck, sagt die Frau mit der Perücke und guckt zum Lautsprecher hoch, die kenne ich, die wohnt vorne beim Bäcker Rahnert. Bei jedem Wort rutscht ihre Perücke vor und zurück.
Der Rahnert hat doch auch Wasser in den Beinen, sagt die Frau mit der gelben Handtasche.
Der hat Wasser, fragt die Frau mit der Perücke, das wüsste ich aber, der hat kein Wasser. Der heißt auch nicht Rahnert und ist kein Bäcker.
Frau Beck verschwindet in Kabine eins.
Die rechte Nachbarin der Frau mit der gelben Tasche hat einen Chihuahua auf den Knien, sagt, mein Artur kennt einen Rahnert, aber der ist Rentner, der ist auch nie Bäcker gewesen.
Neben mir sitzt ein älterer Herr, den ich erst bemerke, als er schnarcht.
Die Frau mit der gelben Tasche sagt, ich meine den Bäcker Rahnert dort vorne an der Ecke, zeigt dabei hinter sich nach rechts.
Na, klar, der Rahnert, dort vorne, der heißt aber nicht Rahnert, der hat kein Wasser in den Beinen, noch nie.
Die Sprechstundenhilfe erscheint, stellt sich vor den älteren Herrn und sagt, Herr Butz, wir sind wohl noch müde, als würden dort mehrere Butze sitzen und auch noch müde sein, kommen Sie in Kabine eins. Sie lächelt

unter hohem Kraftaufwand, macht exakt kehrt und verschwindet. Herr Butz reagiert nicht. Sein Kopf hängt nach hinten über der Stuhllehne, sein Mund ist ein großes O, als hätte er verzweifelt geschrien, bevor er gestorben ist. Seine Haare sehen aus, als hätte er den Kopf in zwei, drei Spinnweben gesteckt. Ich schubse ihn an der Schulter, sage, Sie sind dran. Er beginnt zu gurgeln, schreckt hoch, röchelt und pfeift wie ein Teekessel, der Chihuahua bellt, Frauchen sagt, Samuel, aus. Herr Butz würgt und hustet länger, starrt mich an, glaubt sich im Himmel, hält mich gar für Gott und ruft, Himmelherrgott!
Die Frau mit der Perücke sagt, unbeeindruckt von den wahrscheinlich letzten Geräuschen, die Herr Butz noch von sich gibt, zur Frau mit der gelben Handtasche, Sie meinen doch den Bäcker auf der Lisztstraße, ich meine aber den Bäcker Rahnert, der mit Wasser in den Beinen, dort vorne, an der Ecke.
Das Frauchen des Chihuahua neigt sich nach vorn, der Hund zieht den Kopf ein, sie blickt an ihrer Nachbarin vorbei zur Frau mit der Perücke und sagt, auf der Lisztstraße hat es früher einen Bäcker gegeben.
Unterdessen füllt sich Herr Butz doch mit neuem Leben, er atmet, entgegen meinen Befürchtungen, schließt den Mund, streicht die Spinnweben glatt und erhebt sich. Er hätte nur geradeaus laufen müssen, der kürzeste Weg zu Kabine eins, dreht sich aber um neunzig Grad, nimmt Kurs auf die Frau mit dem Bärtchen, die aufrecht wie ein Kutscher sitzt und feindselig guckt,

bleibt vor ihr stehen, starrt feindselig zurück und sagt, auf der Lisztstraße hat's noch nie einen Bäcker gegeben, auch früher nicht, da war das Odol-Geschäft und ein Büro vom Reichssicherheitshauptamt.
Die Sprechstundenhilfe drängelt, Herr Butz, jetzt aber.
Die Frau mit der Perücke sagt, was wissen Sie denn, da war zuletzt die SED-Kreisleitung.
Wann soll denn das gewesen sein?, fragt die Frau mit der gelben Handtasche. Nach dem Reichssicherheitshauptamt, sagt die Frau mit dem Chihuahua ein bisschen lauter, weil sie über mehrere Nachbarinnen hinweg spricht.
Das Reichssicherheitshauptamt war auf der Goethestraße, mein Vater war dort Bürovorsteher, sagt die Frau mit der Perücke. Herr Butz zeigt ihr einen Vogel und geht in Kabine zwei.
Die Frau mit der Perücke wendet sich an die Frau mit dem Chihuahua und sagt, Sie brauchen nicht so laut zu sprechen, ich verstehe Sie schon, obwohl ich hüben wie drüben nur noch 23 Prozent habe.
Da schaltet sich die Frau mit der gelben Handtasche dazwischen, da haben Sie's aber gut, sagt sie, ich habe nur 7 und 4, was von dem Wasser in den Beinen kommt.
Die Frau mit dem Bärtchen horcht auf und sagt, vielleicht haben Sie Wasser in den Ohren. Sie krault den Chihuahua zwischen den Ohren, du bist aber ein feiner.
Der Hund, sagt die Frau mit dem Chihuahua, hat hüben wie drüben hundert Prozent, Sie können normal sprechen.

Die Frau mit dem Bärtchen sagt, weil Sie sagen, Sie hören nicht mehr viel, ich höre fast gar nichts mehr. Ich weiß aber, dass der Rahnert Wasser hat, der ist nämlich mit in der Selbsthelfergruppe, in der alle Wasser haben, in die ich bin!
Frau Birkenbach, Kabine zwei, tönt es aus dem Lautsprecher.
Die Frau mit der gelben Handtasche sieht nach links, nach rechts und zum Lautsprecher hinauf und sagt, das bin ich.
Von wegen, schwerhörig, sagt die Frau mit dem Chihuahua, Sie hören ja besser als der Hund.
Die Frau mit Bärtchen fragt, was ist denn das für eine Rasse? Ich kann das Kerlchen kaum sehen, ich bin nämlich fast blind, sehe bloß helle und dunkle Flecken, wenn Licht an ist.
Das ist ein Chihuahua, sagt die Frau mit dem Chihuahua.
Frau Birkenbach steht unschlüssig vor Kabine zwei, da sagt die Frau mit Bärtchen zur Frau mit dem Chihuahua, der ihre Schuh sind auf.
Das können Sie erkennen, wenn Sie nur helle und dunkle Flecken sehen, fragt die Frau mit der Perücke, der kein Wort entgangen ist, aber, was anderes, ich glaube, ich weiß jetzt, wen die vorhin mit dem Bäcker da vorne gemeint hat. Aber der ist dort vorne, sie zeigt hinter sich entgegengesetzt, an der Ecke, der hat zwar kein Wasser, aber dem seine Schuh sind auch immer auf.

Stachelbeeren

»Wie kommst du denn auf Stachelbeeren?«, fragte meine Frau, als ich vom Einkaufen zurückkam.

»Die sahen so appetitlich aus«, sagte ich.

Wir nahmen uns jeder eine, zwischen Tür und Angel, sie verzog das Gesicht, ich fragte: »Sauer?«

»Gar kein Ausdruck«, meinte sie.

Ich schob mir eine in den Mund.

»Ungenießbar«, sagte ich.

Karin verschwand in der Küche und rief: »Du weißt doch, dass das Zeug nur gut aussehen muss, damit es die Leute kaufen.«

»Ja, ja«, sagte ich, stieg über Umzugskartons, die Teppichrolle und zwei Eimer in die Küche. »Die Stachelbeeren erinnerten mich plötzlich an damals«, sagte ich. »Eigentlich habe ich sie deswegen mitgenommen.«

Karin zerrte einen Wäschekorb an mir vorbei, sah mich von unten herauf an und fragte: »Die Stachelbeeren?«

»Weißt du nicht mehr, als wir noch Kinder waren und im Sommer hinterm Postsportplatz die Felsen hochgekraxelt sind? Da waren doch unterhalb die Kleingärten, und wir haben uns mit der lila Wäscheleine abgeseilt auf so ein Schuppendach, von dem wir in den Garten gesprungen sind, wo es die größten und besten Stachelbeeren gab! Und wir hatten Angst, dass uns jemand hört, vor allem der ABV, der manchmal um den Sportplatz herumschlich.«

Karin ließ den Korb los, streckte sich und lachte.

»Genau, du hattest die große Klappe, und dann hast du immer Stimmen gehört, obwohl da weit und breit keiner war.«
»Aber der Dings, der ABV, der …«
»Steinhauser!«, rief sie.
»Genau. Der war einmal bei uns in der Schule, weil wir Bergmanns Katze blau angemalt hatten. Woraufhin ich zum Direktor musste. Und zu Hause gabs dann Dresche und nicht zu knapp.«
Sie sah mich an und erwiderte: »Die Stachelbeeren wären jede Verhaftung wert gewesen. Groß wie Pflaumen und rot, die platzten beim Reinbeißen. Und beim Stachelbeerenklauen hat uns der Steinhauser nie erwischt.«
»Möchtest du noch?«, fragte ich und hielt ihr die Schale mit den Supermarkt-Mutationen unter die Nase.
»Diesen Monat nicht mehr!«
Ich warf die Beeren weg und kümmerte mich weiter um die Umzugskartons und den letzten LKW, der gerade vor der Tür hielt.
Wir waren wieder in unserem Viertel. Hier waren wir aufgewachsen und suchten dann für fünfzig Jahre das Weite, um woanders zu gucken und unser Leben zu leben. Doch im letzten Jahr hatten wir uns entschlossen, den Kreis rundzumachen und wieder hierherzuziehen. Nun lag die Heimat wieder unter unserem Balkon vor uns hingebreitet und war, so schien es, allen Kinnhaken der Zeit ausgewichen. Kein ALDI, kein Autohaus und kein Bank hatte sich auf der alten Bolzwiese niederge-

lassen. Der Lederball aus Ungarn, die Schuhe als Tor, und wir grüner hinter den Ohren als der Rasen …
Karin hatte ich übrigens auch hier kennengelernt, im Sandkasten. Damals wusste ich zwar noch nicht, dass wir einmal heiraten würden, aber ich bin auf den alten Kirschbaum geklettert, ganz nach oben, um für sie die schönsten Kirschen zu pflücken. Der Heinzi und der Bertram hatten dasselbe vorgehabt. Der Baum war aber viel zu klein für alle verliebten Kirschenjäger. Einmal habe ich den Bertram mit seinen Hosenträgern an einen Ast geknotet. Ein anderes Mal kam ich nicht mehr runter, bis mich mein Vater fand und mir runterhalf, um mir dann den Hintern zu versohlen.
Ich kann mich an fast alle erinnern: an Karla, an Gabi mit Zöpfen wie Antennen, den dicken Frank, dessen Eltern in einer Fleischerei arbeiteten und den wir hänselten, dass er nur zur Schule dürfe, weil er nicht hinter die Wursttheke passte, die rothaarige Silvia und an Andrea, die immer dachte, meine Kirschen seien für sie, an Heinzi und Bertram und schließlich an Harry mit seinem schwarz-weiß gefleckten hasengroßen Polizeihund Torpedo. Den Steinhauser sehe ich auch noch vor mir, mit seinen buschigen Augenbrauen unter dem Polizeimützendach, dem breiten Gürtel, dem Regenmantel und der Kartentasche. Ob er noch lebte, wusste ich nicht. Auch nicht, wohin es die anderen verschlagen hatte. Der Kirschbaum stand noch. Von Weitem, unter der Sonne, schien es, als läge ein Lächeln auf seinem Blättergesicht. Die Fassaden der Häuser waren aufpo-

liert, die Dächer glänzten, die Straßen noch immer schmal, aber heller, weil man die alte Fabrik abgerissen hatte. Im Erdgeschoss der Häuser befanden sich jetzt Geschäfte, Büros oder Arztpraxen. Vorneraus hatte die neue Zeit mit ihrem Staubtuch gewedelt. Für Hintenraus schienen ihre Arme zu kurz gewesen zu sein, dort lag, stand und hing alles wie einst.

Unsere neue Wohnung war geräumig, günstig und hatte diesen Balkon, auf dem unsere Kindheit an uns vorbeizog, wenn wir in die Gegend blickten, ein wenig melancholisch, ein wenig staunend und auch zufrieden. Als wir uns vollständig eingerichtet hatten und eines Abends auf dem Balkon saßen, die Sonne gerade das Gelände der ehemaligen Saporoshez-Werkstatt vergoldete, sagte ich zu Karin: »Lass uns Stachelbeeren klauen gehen, so wie früher.«

Erst sah sie von ihrem Buch auf, als sei der Balkon dabei abzustürzen, dann nahm sie die Brille ab und lächelte. »Wir sind sechzig«, sagte sie, sah mich an und fragte: »Meinst du, den alten Garten gibt es noch?«

»Lass uns nachsehen«, sagte ich. Aufgestanden, Schlüssel geschnappt und los. Als wir die Straße hochliefen, erkannten wir von Weitem das Tor des Sportplatzes. Es sah nicht aus, als hätte sich seit 1970 jemand drum gekümmert. Es quietschte noch immer zweimal in den Angeln, als ich das Tor öffnete. Wir waren überwältigt von dem, was wir sahen, und die Erinnerungen folgten auf dem Fuß, als seien wir gestern erst weggegangen. Den Fußballplatz säumte links ein wildbewachsener Hang, hinten wurde er zur Hälfte von einer Reihe Pappeln überschattet und rechts von einer Baracke flankiert. Daran schloss der Stachelbeer-Garten an, der wiederum im Osten gegen einen Felsen stieß. Unser Riesengebirge hatte eine steile Wand und obenauf zwei Felsspitzen, konnte aber auch über einen Pfad bestiegen werden, der sich durch hohes Gras, Brennnesseln und Hagebutten schlängelte. Die Rocky Mountains, die Pyrenäen, der Himalaya, es war alles gewesen: Winnetous Aussichtspunkt, Messners Eiger-Nord-Wand, Marsfelsen, Höllengrund, Teufelsgipfel, Berggeistherberge und Zufluchtsort gejagter Partisanen, die sich verbittert bis zum letzten Zündplätzchen verteidigten. Der Abend wischte oben Rot über den Stein, unten tupfte er Türkis zwischen die scharfen Kanten, der Rasen schimmerte wie grünes Wasser. Wir fassten uns an den Händen und gingen um den Platz herum, staunten, und die Zeit, die hier eingesperrt war, schien froh darüber und über ihre Gäste erfreut. Die Grillen kramten ihre Instrumente hervor und spielten Oldies aus den Siebzigern. Das Sportlerheim hatte Risse, keine Farbe mehr, das Dach ein Loch, das Schild POSTVEREIN lehnte unter den eingeschlagenen Fenstern. Die Kegelbahn hatte sich zusammengerollt, drei Kegel lagen vor der niedrigen Bretterwand, zwei Gartenstühle stützten sich gegenseitig, und die Brennnesselarmee war auf dem Vormarsch.

Wir sahen uns satt an der Gegend, die uns so viele schöne Stunden beschert hatte, und schwiegen, bis mich

Karin anstieß, zum Garten hinüberzeigte und rief: »Dort!« Sonnenblumen neigten sich über den Zaun, Dahlien in allen Farben brachen aus dem satten Grün, Glockenblumen, Petunien und blühendes Gesträuch, sodass man kaum den Boden erkennen konnte. Wir gingen näher ran. Die Laube war gemauert und vergrößert, Kinder schrien, ein Hund wirbelte über den Rasen. Eine Frau mit Gartenschlauch sprühte Wasser zwischen die Blätter und sah kurz zu uns herüber. Eines von den Kindern drückte seine Nase durch den Zaun, streckte uns die Zunge raus, der Hund bellte, und wir standen in der Zeit erstarrt.

»Weißt du noch«, flüsterte ich, »wo der Strauch gewesen ist?«

»Ziemlich weit hinten«, flüsterte Karin. »Hinter einem Gewächshaus.«

»Ich sehe kein Gewächshaus«, sagte ich und stellte mich auf Zehenspitzen.

Die Frau kam an den Zaun und grüßte. Wir grüßten kleinlaut zurück und gingen.

Auf dem Nachhauseweg sagte ich: »Der Strauch ist noch da.«

»Meinst du.«

»Wer trennt sich denn von so einem Stachelbeerstrauch?«

»Niemand.«

»Lass uns zu Hause einen Plan machen.«

»Gut«, stimmte Karin zu und wusste sofort, welcher Plan mir vorschwebte.

Auf dem Balkon redeten wir bis spät in die Nacht über den Sportplatz, den Felsen und die Stachelbeeren, und als wir im Bett lagen, fragte ich Karin: »Was hattest du damals eigentlich an?«

»Rotes Cordkleid mit Latz und Trägern, weiße Kniestrümpfe und Turnschuhe.«

»Das weißt du noch?«

»Seit heute Abend ist es wieder wie gestern. Ich weiß sogar noch, was du anhattest. Blaue Turnhosen, gelbes Nicki, karierte Kniestrümpfe und Sandalen.«

»Sonntagabend, um sieben, steigen wir in den Garten ein. Bist du dabei?«

»Was für eine Frage!«, sagte sie. »Wir haben auch eine lila Wäscheleine.«

»Genau. Authentisch. Es muss authentisch sein.«

»Heißt?«

»Dieselben Klamotten wie damals.«

»Gut«, sagte Karin, »dann müssen wir morgen einkaufen gehen.«

Die Kniestrümpfe waren kein Problem. Ein rotes Cordkleid bekamen wir nach drei Läden. Schwieriger wurde es mit dem Nicki. Den Begriff kannte niemand. Ernsthafte, erheiterte und erstaunte Blicke und Schweigen, und man wisse jetzt gar nicht ... Ich habe dann ein T-Shirt genommen. Die größte Herausforderung stellte die blaue Turnhose dar. »Nein«, sagte ich zu der Verkäuferin, »ich möchte keine Airtracks-Supernova-Reflective-Laufshorts mit Unisex-Profil, sondern eine Turnhose für Männer in Blau und mit Arschtasche.«

Daraufhin hatte sie mich gemustert wie der Zoll einen Schwarzarbeiter. Erst zwei Stunden später, in einem winzigen Eckladen, wurden wir erhört. Der Verkäufer, der noch aus der Nicki- und Turnhosengeneration stammte, kramte eine Viertelstunde in den Tiefen seines Lagers, kam ziemlich geschafft zurück und sagte: »Leider nur noch in Rot.«

Es ging auf den frühen Abend zu, uns rauchten die Füße, ich sagte, rot ginge auch. Karin atmete auf.

Die Nacht von Samstag zu Sonntag schliefen wir unruhig. Wir hatten unsere Uhren fünfzig Jahre zurückgedreht, und Karin fragte: »Du willst das durchziehen?«

»Auf alle Fälle«, sagte ich.

Sonntagnachmittag, siebzehn Uhr: Wir begannen uns umzuziehen. Karin machte sich ihre Zöpfe, und da sie, wie auch immer, von Altersfettleibigkeit verschont geblieben und auch nicht mehr großartig gewachsen war, gab sie als Siebenjährige in dem roten Kleid eine passable Figur ab. Mein T-Shirt kniff überall und endete über dem Bauchnabel. Die Turnhose dagegen schlackerte angemessen, und als ich mein Taschenmesser, die Rolle Paketschnur und fünf hunderter Nägel in die Arschtasche gestopft hatte, hing sie auch entsprechend tief.

»Die Hose wirst du verlieren«, meinte Karin und schnürte ihre Turnschuhe.

»Ich bin noch nicht fertig«, sagte ich und holte einen alten Kofferriemen. Damals hatte ich die Turnhosen, die ich immer von meinem älteren Bruder übernommen hatte, auch festschnüren müssen. Ich zog also die Hose weit hinauf, schlang den Riemen drumrum und zurrte ihn fest.

Karin sah mich an, lachte und sagte: »Der Bauch ist jetzt unter dem Gürtel.«

»Das ändert sich beim Laufen«, erwiderte ich.

Ausrüstung überprüfen. Wir waren so weit. Vorm Spiegel erschraken wir und hätten beinahe einen Rückzieher gemacht. Aber Karin legte sich demonstrativ die Wäscheleine über die Schulter und fragte, ob ich ein Handy dabeihätte. Was ich verneinte: für die Siebziger nicht authentisch, und außerdem würde ich beim Stachelbeerenklauen grundsätzlich keine Anrufe entgegennehmen.

»Wir hätten ein paar Fotos machen können.«

»Diese Aktion mit einem Handy zu verunglimpfen, wäre ein Frevel gegenüber dieser Zeit«, sagte ich.

Dann verließen wir das Haus. Während wir so liefen, spürte ich die Nägel und das Taschenmesser in den Kniekehlen. Karin sagte: »DDR-Arschtaschen halten, was sie versprechen.« Leute, die uns entgegenkamen, blieben stehen oder wechselten die Straßenseite. Sonntagabend. Alle kamen von irgendwoher zurück, gerade um diese Zeit, gerade, als wir die plötzlich immer länger werdende Straße zum Sportplatz hinaufgingen. Eine alte Dame mit Rollator schob sich an mich heran, packte Karins Hand und sagte: »Ein furchtbares Land, junge Frau, aber mit der Leine, Gott bewahre, lösen Sie Ihre

Probleme nicht.« Als Karin die Hand öffnete, lagen zwei Euro darin.
Wir schlichen uns durchs Tor. Die abendliche Sonne badete in einem schwefelgelben See. Irgendwo ein Rascheln. Schwalben schossen aus dem Schatten des Felsens. Schmetterlinge taumelten durch die Abendluft. Stille. Vergangenheit. Kribbeln im Bauch. Es duftete nach Sommerferien, nach Kamille, nach frischgemähtem Gras, nach Dachpappe und Ziegeln, und dann standen wir vor der Felswand und blickten an ihr empor.
»War das früher auch so hoch?«, fragte Karin.
»Wahrscheinlich hat sich der Fels mehr aufgestülpt«, antwortete ich.
»So lange ist das nun auch wieder nicht her«, sagte sie.
Als Kinder hatten wir die Felswand mit bloßen Händen erklommen, waren auch ein paarmal auf dem Hosenboden wieder nach unten gerutscht, hatten neuen Anlauf genommen und es doch geschafft. »Los!«, sagte ich und wollte mich strecken, um einen kleinen Vorsprung zu greifen. Da spürte ich einen Stich im Kreuz und konnte nicht mehr zurück. So stand ich ein paar Sekunden wie versteinert, und Karin drückte mir ein Knie gegen die unteren Wirbel. »Oh, Mann«, sagte ich und sah, wie sie nach einer Kante griff und jammerte: »Au. Verflixt!«
»Was ist?«
»Meine Fingernägel.«
»Wir hatten doch früher auch welche«, sagte ich.
»Wir hatten früher auch einen Rücken«, erwiderte sie.

»Und?«
»Früher waren die Rücken neu und die Fingernägel kosteten nichts.«
»Okay«, sagte ich, »wir nehmen den Pfad.«
»Wir nehmen den Pfad«, wiederholte sie, »das ist aber neben den roten Turnhosen der letzte Abstrich.«
»Der letzte«, versicherte ich, und dann gingen wir dort hinüber, wo der schmale Stieg nach oben führte. Wir atmeten ein wenig heftiger, aber dann waren wir oben und genossen erst einmal die Aussicht. Ich zog die Hose hoch und ging auf den Vorsprung hinaus, um von dort nach unten in den Garten zu sehen.
»Und?«, fragte Karin und beugte sich zu mir.
Ich reichte ihr die Hand und nachher standen wir beide auf dem schmalen Grat. »Der Vorsprung war früher breiter«, sagte ich und blickte nach unten.
»Wir waren schmaler«, sagte Karin und guckte sich um. »Nix zu sehen und zu hören, ich denke die Luft ist rein.« Sie band mir das eine Ende der Leine um die Hüften, hielt das andere mit beiden Händen fest und sagte: »Leine klar!«
Die Leine war eigentlich gar nicht nötig. Ich konnte steigen, da waren breite Vorsprünge und sichere Tritte, aber früher, und daran konnte ich mich genau erinnern, kletterten wir 6000 Meter über einer Schlucht, während Schneestürme mit 500 Stundenkilometer in die Wand krachten und meist 60 Grad unter null herrschten. Da war eine Wäscheleine unverzichtbar.
Ich kam ziemlich ins Schwitzen. Karin lag auf dem

Bauch, sah zu mir herunter, ihre Zöpfe hingen über dem Abgrund. Noch einen Tritt, noch mal geguckt, dann hatte ich das Schuppendach erreicht. Karin machte sich daran, über die Kante zu steigen, war schneller als ich, lächelte und fragte: »Wie fühlst du dich?«

»Bombastisch«, keuchte ich. Wir halfen einander vom Schuppendach, und dann lagen wir auf dem Bauch im Gras, so wie früher, sie links, ich rechts. Eine Amsel schoss aus dem Gebüsch, eine weiße Katze schlich vorbei. Die Vögel sangen nur für uns. Außer der jubelnden Natur war nichts zu sehen. Ich stand auf und blickte aus Gewohnheit noch einmal zur Seite über den Sportplatz. Wir schlichen gebückt durchs Terrain, Wacholder, Apfelbäume, Beete, und plötzlich krallte sich Karin in meinen Arm. Wir hielten inne. Sie sagte: »Da!«

Und dann sah auch ich den Stachelbeerstrauch, größer und schöner denn je. Das Rot der Früchte knallte aus dem Grün, und wir rannten die letzten Meter, ließen uns fallen, drehten uns, der Himmel war voller Stachelbeeren, pflückten und kauten, Saft spritzte, das Gras war warm, ich spürte die Nähe meiner liebsten Spielkameradin, mein Herz schlug bis zum Hals, es war, als seien wir vor fünfzig Jahren hier liegengeblieben. Als wir so selbstvergessen schmatzten und schwiegen, Stachelbeersaft in den Gesichtern, auf dem Höhepunkt des höchsten Gefühls, hörte ich jemanden rufen. Es kam von rechts, vom Sportplatz und wurde immer lauter. Unsere Münder offen und erstarrt. »Hörst du das?«, fragte Karin.

»Verdammt«, sagte ich. Wir drehten uns auf den Bauch und versuchten, durchs Gesträuch etwas zu erkennen. Ein paar helle Flecken. Die Katze strich um einen Baum. Ein Schwarm Spatzen flog auf.
»Hab ich euch endlich!« Die Stimme schien ziemlich nahe. Ich dachte sofort an den ABV, an meinen Vater und an den Direktor der Schule und spürte einen siebenjährigen Magen, der die kommende Katastrophe ankündigte.
Wir robbten zurück Richtung Schuppen. Schritte. Hinter dem Verschlag angekommen, flüsterte ich: »Du bleibst liegen, ich sehe nach.«
Ich zog mich aufs Dach und kroch an den Rand. Meine Augen mussten sich gewöhnen, fokussierten, erblickten und guckten ziemlich dumm. Etwas weiter vorn am Zaun stand ein Polizist. Ein ABV. Polizeimütze, Regenmantel, Kartentasche. Er starrte durch die Latten. Mir wurde schlecht. Was mich aber total aus dem Konzept brachte, war der Umstand, dass ich das Gesicht zwar noch nicht erkennen konnte, dafür aber buschige Augenbrauen. Schnell stieg ich wieder hinab, kniete mich ins Gras neben meine Frau und sagte: »Steinhauser, jetzt hat er uns erwischt.«
Es dauerte ziemlich lange, bis ich realisierte, dass heute nirgendwo ein ABV mehr auftauchen würde, weder in Uniform noch Zivil. Doch der Polizist war keine Einbildung, er rief: »Der Hellman und die kleine Seiler! Das gibt eine Menge Ärger! Euch habe ich schon lange im Visier. Jetzt kommt raus, oder ich komme rein.«

Noch hatte ich nichts geschnallt. Entweder zählten Stachelbeeren neuerdings zu den verbotenen Substanzen, oder hier hatte mich jemand richtig erwischt. Ich sah meine Frau an, die sehr ernst geblieben war. Sie zog die Wangen nach innen, das machte sie immer, wenn es gefährlich wurde, und am Zaun rief die grüne Halluzination: »Ich weiß, dass ihr da drinnen seid und euch am Eigentum Fremder vergreift!« Die Stimme zitterte ein ganz klein wenig, aber es war Steinhauser, kein Zweifel.

Ich sah Karin noch mal tief in die Augen, und sie nahm meinen Arm und sagte hollywoodreif: »Wir müssen uns stellen, es ist vorbei!«

Und dann konnte sie nicht mehr an sich halten und prustete los.

Der ABV brüllte, dass es bei so viel krimineller Energie überhaupt nichts zu lachen gäbe! Und plötzlich öffnete sich die Tür vom Gartenhaus, die junge Frau, die wir mit dem Schlauch gesehen hatten, trat heraus, hinter ihr zwei Leute, die ich erst nach und nach erkannte. Ich zog mein Nicki straff und die Hose hoch, und Karin schob mich nach vorne.

»Na du!«, sagte Andrea, die nicht aussah, als sei sie noch immer traurig, dass meine Kirschen nicht für sie gewesen waren, und neben ihr Harry, der auf mich zukam, nur bremste ihn der herumtollende Hund aus, den er mit »Sitz, Torpedo!« zurechtwies und erklärend hinzufügte: »Der Hund meiner Enkelkinder!« Dann umarmte er mich.

Als wir alle mitten im Garten einen Kreis gebildet hatten, ich noch immer überwältigt, schritt der Genosse Steinhauser, ABV des Wohngebietes Ernst Thälmann, mittlerweile vierundachtzig, über den Mittelweg und stellte sich vor uns hin. Er öffnete die Kartentasche, holte einen Block heraus und einen Stift und sagte: »Hellmann und Seiler, ihr seid gut, aber ich bin besser.«

Der Hansi

Mein Name ist Benito Ball, ich bin Witwer, ich habe einen Wellensittich, und das kam so: Die letzten zwanzig Jahre habe ich es mit einer Frau probiert, bis mir klar wurde, dass das nicht gut für mich ist. Ich wollte mich scheiden lassen, das hätte aber gekostet. Ich dachte, wenn die Barbara mal nicht mehr wäre, würde mir keine Frau mehr ins Haus kommen.

Wie es der Zufall wollte, starb die Barbara ganz plötzlich, hatte so ein Reißen in der rechten Schulter, da steckst du halt nicht drin.

Bis vor drei Jahren trafen wir uns nur abends vor dem Fernseher, da war das alles in Ordnung, da hätten wir zusammen alt werden können. Wenn ich aus dem Urlaub zurückkam, ist die Barbara gefahren. Als ich Rente kriegte, hat sie auch ihr Geschäft aufgegeben. Ich sagte, dass wird nix, und die Barbara sagte, mit dir sowieso nicht. Und so war es auch.

Nach der Beerdigung dachte ich, da brauchst du dich ja gar nicht mehr scheiden zu lassen, räumte der Barbara ihr ganzes Zeug weg, schlechte Erinnerungen tu ich immer weg.

Ich sitze jetzt jeden Tag am Fenster und überlege, sollte ich wieder mit einer Frau anfangen, einer älteren, für eine jüngere reicht mein Konto nicht, hätte die wieder Marotten, würde mich wieder täuschen, tun am Anfang so gesetzt und beherrscht und dann sitzen sie und beherrschen dich. Es ist ungewohnt still in der Wohnung. Die Barbara galt als feste, kreischende Größe. Keine gebrüllten Kommandos mehr, keinerlei Verbote, mir bleibt das gruslige Morgenmagazin erspart, Schlagerterror im MDR und der Landarzt.

Am zweiten Tag als Witwer kommt mir eine Idee. Ich gehe die Straße runter, Richtung Bahnhof, da gibt es eine Zoohandlung, mein Gedanke dabei, es einmal mit einem Viech zu probieren, eines das kreischt, das käme der Barbara am nächsten.

Ich brauche ein Viech, das kreischt, sage ich zur Verkäuferin, worauf sie sagt, sie hätte einen Wellensittich, der sprechen könne. So ein kleiner Gefährte könne sehr unterhaltsam sein. Die Barbara war auch nicht groß, sage ich. Wer? Egal, der muss nix reden, nur kreischen. Vögel sollte man als Paar halten, sagt sie. Da haben Vögel bessere Erfahrungen, wie mir scheint, sage ich, packen sie erst mal den einen ein. Einpacken? In den Vogelbauer, den nehme ich gleich mit.

Zu Hause stelle ich den Hansi ans Fenster, füttere ihn,

und als er sich wohlfühlt, fängt er an zu kreischen, sodass ich mich wieder zu Hause fühle. Der hört aber nicht mehr auf, so ausdauernd war die Barbara nicht, die ging aber wenigstens noch einkaufen.
Am dritten Tag halte ich das nicht mehr aus. Ich nehme den Hansi aus dem Käfig und werfe ihn zum Fenster raus, ist ja ein Vogel, denke ich, aber so richtig fliegen kann er nicht. Er flattert unbeholfen, verliert schnell an Höhe und stürzt unten ins Gestrüpp. Ich sitze am Fenster und denke, eine Schildkröte wäre vielleicht besser gewesen, die kann zwar auch nicht fliegen, hätte sie aber auch nicht gebraucht, eine Schildkröte kreischt ja nicht. Doch noch mal in die Zoohandlung kann ich nicht. Vielleicht sollte ich mir einen Hund zulegen.
Mit einem Mal, ich sitze wieder am Fenster und zähle die Blätter von der Pappel, klingelt's an der Tür. Tür auf, steht eine Frau vor mir und hält mir eine Schachtel hin. Sie trägt Jeans und eine rote Bluse, ungefähr in Barbaras Alter, horizontal bedeutend schmaler, besser frisiert, und sie lächelt, das war bei meiner Barbara gar nicht im Programm. Die Schachtel macht Geräusche, die mir bekannt vorkommen.
Kann ich Ihnen helfen, frage ich. Müller, stellt sie sich vor, ich wohne im Erdgeschoss rechts. Vorhin, als ich vom Einkaufen kam, gucke ich zufällig nach oben und sehe einen Wellensittich aus ihrem Fenster stürzen. Sie öffnet die Schachtel, drinnen der Hansi, ihm ist das Kreischen vergangen, aber er ist es. Der Hansi, rufe ich

so begeistert wie möglich, ich habe mir schon Sorgen gemacht. Sie mögen Wellensittiche, fragt sie. Sehr, sage ich, wollen Sie nicht reinkommen, ich kann einen Kaffee machen. Das trifft sich jetzt wirklich schlecht, erwidert sie, ich muss mit Georg Clooney noch in den Park. Der kommt zu Ihnen?, frage ich. Georg Clooney ist ein Mops. Ja, sage ich, wir werden alle nicht jünger. Der Mops ist ein Hund, sagt sie und lacht. Dann geben Sie mal besser Acht auf den Kleinen, sagt sie und hüpft die Treppen runter.

Eigentlich hätte ich ja einen Flirt vom Zaune brechen können, schließlich ist die Barbara schon siebzehn Tage tot, wobei ich wusste, dass Frauen alles andere als kurzweilig sind und der Liebe Gott die Männer aus gutem Grund vom Nachdenken befreit hat.

Als ich den Hansi in seinen Bauer setze, fängt er sofort wieder an zu kreischen. Ich überlege, wie ich die Frau Müller wiedersehen könnte. Ich hole den Hansi aus dem Käfig und werfe ihn noch mal aus dem Fenster. Er flattert und kreiselt wie vorhin, hat nichts dazugelernt, stürzt schräg unten ins Gestrüpp. Ich muss aber weiterdenken und denke, wer weiß, wann die wieder aus dem Haus geht, der Hansi aus dem Gestrüpp kommt, da sollte man nachhelfen. Schuhe, Schlüssel geschnappt und runter. Oben ruft die Frau von dem Klempner schon wieder: Schatz! Die macht immer das ganze Haus rebellisch, schon, wenn der früh zur Arbeit geht, Schatz, hast du alles, ja Schatz, ruft der und kaum zu glauben, dass er sich auf heute Abend freut, sie na-

türlich auch, ja, Schatz, ich auch. Der muss an die achtzig Stufen runter, die oben hält aber den Mund nicht eher, bevor die Haustür zuschlägt. Kommt er abends nach Hause, geht das Theater vor vorne los, Schatz, ja, Schatz, hallt es von unten, bist du's, Schatz, und ich denke, ist die blöd, wer steigt denn sonst die achtzig Stufen hoch, um die dort oben zu sehen, sie sieht nämlich aus wie sie ruft, habe ich überprüft, und der ruft tatsächlich, ja, Schatz, ich bin's!
Und der kommt mir gerade entgegengestiegen, keucht das fünfzehnte Mal, Schatz, und ich sage, da würde ich gar nicht mehr hochgehen, worauf er sagt, was willst'n machen.
Unten im Hof stelle ich mich unter der Frau Müller ihr Küchenfenster und rufe so laut ich kann: Hansi, Hansi! Was denn, fragt sie, guckt aus dem Fenster, schon wieder ausgebüxt?
Das ist ein ganz durchtriebener Vogel, sage ich. Wie geht es denn Georg Clooney?
Gut.
Vielleicht schaffe ich mir auch einen Hund an, sage ich. Aus dem Augenwinkel sehe ich den Hansi aus dem Gestrüpp wanken und denke, den kannst du jetzt nicht zurückwerfen.
Sie ruft: der Hansi! Ich rufe: der Hansi! Wir reden dann noch über dies und das, wobei mir das Wesentliche nicht über die Lippen kommt. Ich wollte auf die Knie fallen und sagen, soll ich ewig wandeln auf der Hoffnung finstrer Pfade, aber ich habe Rücken und

linkes Knie, außerdem müsste ich das noch mal nachlesen.
Sind Sie verheiratet, fragt sie, als ich gehen will.
Ist lange her, sage ich.
Ich kann ja nachher mal hochkommen, ich habe ein paar Prospekte, wenn Sie sich doch für einen Hund entscheiden möchten, gar für einen Mops.
Ich bin ja schon viele Kompromisse eingegangen, auch bei Frauen, aber so eine Mops-Kreatur käme mir im Leben nicht ins Haus. »Das wäre großartig«, sage ich.
Als ich hochsteige, verspreche ich dem Hansi, ihn nie wieder aus dem Fenster zu werfen. Der fängt aber sofort wieder an zu kreischen, kaum sitzt er auf der Stange.
Es klingelt. Die Frau Müller steht vor der Tür und sagt, sie müsse zu ihrem Mann, käme aber die nächsten Tage vorbei.
So eine blöde Kuh, denke ich, beerdige den Gedanken an Frau Müller wie unlängst die Barbara.
Frauen und Wellensittiche sind Ideen, die man bereut.
Ich sitze am Fenster, die Pappel hat weniger Blätter als beim letzten Mal, gucke runter, da steht tatsächlich eine Frau und hängt Wäsche auf, ganz blond, sie guckt kurz hoch, Augen so blau, noch aus der Entfernung, da werfe ich den Hansi doch noch mal aus dem Fenster.

Mini-Job

Ein kleiner Mann kommt ins Jobcenter. Der Pförtner guckt auf ihn runter und sagt, Sie sind aber klein, für Sie gibt's sowieso nichts, vielleicht eine kleine Arbeit, einen Mini-Job, so klein wie Sie sind.
Der kleine Mann guckt zum Pförtner hoch, ich brauche auch nix Großes, sagt er und zieht eine Nummer, eine kleine, die Drei, über die freut er sich, weil er sie überblicken kann.
Es gibt Stühle im Warteraum, aber die sind für den kleinen Mann alle zu hoch, da müsste er klettern, was er nicht will, weil die großen Leute lachen, machen sie immer, wenn er auf Stühle steigt. Es ist ihnen egal, dass im Grundgesetz steht, man solle über kleine Leute, die auf Stühle klettern, nicht lachen. So, wie das Grundgesetz Herrn Klein nicht größer macht, macht es die Stühle nicht kleiner. Er klettert auch nicht gern. Vor den Papierkorb stellt er sich, der schützt den Rücken. Was von vorne kommt, ist wenigstens zu sehen. Der kleine Mann ist einszweiundfünfzig groß, oder vielleicht auch klein. Eine kleine Zahl für die Größe eines Menschen, nicht für ihn, zuweilen fürchtet er sich, denn die Eins steht für einhundertzweiundfünfzig Zentimeter; wenn es verlangt wird, sagt er nur: 1-5-2.
Wenn ihn jemand fragt, warum er so klein sei, entgegnet er, er wisse es nicht, außerdem hätte die Größe nichts mit der Länge zu tun, dass er genug Leute kenne, die lang seien, aber trotzdem klein und kariert, und wenn

sein Gegenüber stutzt, sagt er noch, man dürfe sich nicht unnötig mit der Länge eines Menschen aufhalten.
Der kleine Mann hat auch eine kleine Frau. Sie wohnen zusammen in einem kleinen Haus mit einer kleinen Summe Geld auf der Bank. Da sie aber nur kleine Bedürfnisse haben und ihnen größere Summen, der üppigen Zahlen wegen, Furcht einflößen, reicht ihnen, was auf dem kleinen Konto liegt.
Herr Klein möchte trotzdem eine Arbeit, eine kleine, um das Konto nicht unnötig zu vergrößern, sondern um das Kleingeld dort nicht zu verbrauchen. Kinder haben sie geplant, aber nur kleine, mit dem ersparten Kleingeld könne man ihnen eine kleine Zukunft ermöglichen, sagt seine Frau; große Zukünfte könne man kleinen Kindern nicht zumuten, sagte sie auch.
Nebenher möchte Herr Klein Arbeit, um sich nicht klein zu fühlen. Erfahrungsgemäß blicken die großen Leute auf die kleinen hinab, die nichts tun, während sie bei den großen, die nichts tun, auf Augenhöhe bleiben müssen. Keinesfalls solle man das abwertend verstehen, schreibt eine kleine Zeitung, das läge einzig an der Anatomie.
Seine Nummer, die der kleine Mann nervös mit den Fingern zu einer kleinen Rolle gerollt hat, erscheint von einem kleinen Ping begleitet auf dem Display im Warteraum über der Tür. Nummer 3, steht da, bitte, in Zimmer 512. 512!
Der kleine Mann sieht bestürzt aus, wie er da so auf die große Zahl guckt. Es kriecht ihm kalt den Rücken run-

ter, was ihn wohl erwartet in einem Zimmer mit solch großer Zahl.
Wenigstens musste er nicht lange stehen, nebulöse Erwartungen schiebt er gern auf eine kurze Bank, lange Bänke mag er nicht. Die Wartezeiten seien kleiner geworden, hat ihm ein großer Mann vorm Eingang gesagt, wobei große Männer oft lügen, was der kleine Mann aus eigener Erfahrung weiß, scheint also nur Zufall, dass der große Mann nicht gelogen hat.
Er geht vorsichtig, wie immer im Angesicht schier unüberschaubarer Zahlen, aus dem Wartezimmer auf den Flur hinaus, wendet sich nach rechts zum Treppenaufgang. Fahrstuhl fährt der kleine Mann nicht. Wenn Zahlen sichtbar auf einer Leiste rauf und runter hüpfen, als seien sie lebendig, vertraut er auch den kleinen nicht, dann sind sie den großen gleich. Am Fuß der Treppe, die er ohne Zwischenfall erreicht, kommt ihm eine große Frau entgegen, guckt ihn an, beugt sich zu ihm runter und fragt, ob er sich verlaufen habe, sie ihm helfen oder ihn ausrufen lassen könne, seine Eltern machten sich bestimmt schon Sorgen. Der kleine Mann tritt zwei kleine Schritte zurück. Große Frauen jagen dem kleinen Mann noch mehr Angst ein als große Männer. Er blickt ängstlich zu der Frau empor und sagt, lassen Sie mich gehen, für mich bezahlt keiner Lösegeld, dabei hebt er abwehrend die Hände, rennt um die große Frau herum, sieht nun auch wieder die Treppe, die Stufen sind hoch, er muss langsam steigen, auch wenn es um sein Leben geht, guckt hastig über die Schulter, aber

die große Frau ist weg. Nachdem er die fünfte Treppe geschafft hat, starrt er den Flur entlang, der genauso aussieht wie der drunter, die Ecke da vorn ist auch an der gleichen Stelle. Nächste Ecken, egal ob sie sich gleichen, sind wie große Frauen, oder Männer, oder Zahlen, wie große Dächer, große Gräben oder Tunnel. Der kleine Mann sucht bei sich und findet noch ein wenig Mut, nimmt ihn zusammen und geht der Ecke entgegen. Diese Ecke führt ihn nur ums Eck, ohne ihn zu erschrecken. Nichts passiert. Wie von ihm befürchtet, steht plötzlich die 512 gewaltig und dick auf einer großen Tür. Er ist am Ziel, er hört seine Frau, die ihm morgens immer sagt, Schatz, hüte dich vor Zielen mit großen Zahlen. Er war mit seinen kleinen Beinen sehr lange unterwegs. Große Leute schaffen siebzehn, gar neunzehn Ziele am Tag, sagen anerkannte Zielexperten, kleine Leute schaffen nur eines. Ziele lägen im Auge des Betrachters, Ziele seien ausnahmsweise mal nicht objektiv. Sein Weg war aber weder das Ziel, noch soll er umsonst sein. Der kleine Mann beißt die Zähne zusammen, stellt sich auf Zehenspitzen, reckt sich, streckt die Hand und klopft. Seine kleine Faust braucht eine Weile, bevor sie andere hören, er hört sie selbst kaum klopfen. Er sackt etwas zusammen, nimmt beide Fäuste und trommelt. Hinter der Tür bleibt es still. Davor haben ihn seine kleinen Bekannten gewarnt, vor solchen großen Türen, hinter denen große Leute säßen, die sich nicht scherten, als säße hinter den großen Türen gar keiner, während sich kleine Leute schon totgeklopft

hätten und das Reinigungspersonal allabendlich die kleinen Toten wegräume, sie in die dafür extra eingebauten Schächte werfe, die sich hinter den Feuerlöscheattrappen befänden. Herr Klein sieht mit Entsetzen, dass gleich neben dieser Tür ein Feuerlöscher hängt. Er nimmt zum Klopfen seine kleinen Füße dazu. Nachdem ihm Knöchel und Zehen schmerzen, plötzlich, ruft jemand: Herein! Das hat der kleine Mann nicht mehr erwartet, dass ihn doch noch jemand hereinrufen würde, bevor er sich totgeklopft hätte. Sein kleines Herz macht einen kleinen Sprung.
Um sich neuen Mut zu machen, denkt der kleine Mann immer an seinen Lieblingsfilmhelden, den kleinen Tom Cruise, der so unerschrocken ist und große Frauen heiratet oder auch mal große Leute erschießt.
Der kleine Mann drückt die Klinke, späht in einen schmalen Spalt, schlüpft hindurch, macht noch einen kühnen, kleinen Schritt, links hinter die große Zimmerpflanze. Damit ist er drin, im Zimmer 512, aber auch wieder nicht. Der Vermittler sitzt am Schreibtisch und ruft noch mal: Herein! Der kleine Mann räuspert sich, ist es aber gewohnt, mindestens dreimal von unten rufen zu müssen: Hier, hier, hier.
Arbeitsscheu und schwerhörig, murmelt der Mitarbeiter, der niemand sieht, das geht ja heute gut los, schmeißt die Maus auf die Tischplatte, steht auf, geht an der Zimmerpflanze vorbei zur Tür, reißt sie auf und ruft lauter: Herein!
Der kleine Mann, dem ein großes Blatt der Zimmer-

pflanze auf dem Kopf liegt, hüstelt. Er hebt den rechten Arm, der ihn nur ein klein wenig größer macht und ruft durch zwei Stängel der Zimmerpflanze: Hier! Hier unten!

Der Vermittler, noch an der Tür, hört ein Geräusch. Hat der Kammerjäger nicht behauptet die Maus, die seit Wochen in den Räumen ihr Unwesen treibt, gefangen zu haben, der Lügner, oder knackt die Heizung oder ist das Fenster noch auf? Er geht zurück, sieht etwas aus dem Augenwinkel, hebt das große Blatt der Zimmerpflanze, beugt sich nach unten und sagt, na, wen haben wir denn hier?

Klein, stellt sich der kleine Mann vor. Das sehe ich, sagt der Vermittler. Mein Name, sagt der kleine Mann. Wie sind Sie denn hier reingekommen? Sie haben Herein gerufen, sagt der kleine Mann und macht zwei kleine Schritte. Sie sind aber auch klein, sagt der Vermittler, Sie müssten so ein GPS-Halsband tragen, dass die Leute wissen, wo Sie sind. Was wollen Sie hier? Was denken Sie denn, fragt der kleine Mann, was kleine Leute bei einem Vermittler in einem Jobcenter möchten.

Der Vermittler lacht, hält sofort inne, erinnert sich an die letzte Team-Sitzung, in der es um Diskriminierung gegangen ist, man den Vermittlern nahelegte, auch winzige, fette und einbeinige Leute und dicke Frauen in Leggings ernst zu nehmen, trotz ihrer komischen Tragik, sprich tragischen Komik.

Doch der Vermittler hat große Mühe, sein Lachen zu unterdrücken, sagt so ernst, wie es ihm gelingt, Sie su-

chen also eine Tätigkeit, eine kleine, könnte ich mir vorstellen, und dann prustet er los, setzt sich hinter seinen Schreibtisch, gurgelt und schnaubt und lacht und sagt, ein Scherz, das war ein Scherz.
Der kleine Mann hat sich bis zum Stuhl vorgewagt, ihm ist nicht zum Lachen, obwohl er auch gern lacht. Er guckt zur Sitzfläche empor, klettern müsste er jetzt doch. Der Vermittler sieht am Bildschirm vorbei den kleinen Mann sich mit dem Stuhl abmühen, er sieht nicht den kleinen Mann, nur die Lehne des Stuhls, wie die sich bewegt, und könnte schon wieder loslachen. Wir haben nur normale Stühle, sagt er zum kleinen Mann und guckt in eine Schublade, um sein Lachen, das ihm nicht vom Gesicht weichen will, zu verbergen. Der kleine Mann probiert es, auf den Stuhl zu klettern, doch der Stuhl steht auf Rollen, sobald er sich anschickt, die Sitzfläche zu greifen, um sich hochzuziehen, rollt der Stuhl ein Stückchen davon.
Zur Sache, sagt der Vermittler, Ihre Daten liegen mir vor, Sie waren vorher als Kleintierhändler beschäftigt? Warum haben Sie gekündigt, sind die Tiere weitergewachsen? Dann prustet er wieder los.
Ich habe eine Allergie, meldet sich der kleine Mann, der dem Stuhl noch immer hinterherläuft. Der Vermittler, kriegt sich nicht mehr ein, ihm tränen die Augen, er sagt, eine kleine, nehme ich an, und lacht in das Taschentuch, das er jetzt braucht.
Der kleine Mann ist mittlerweile hinter einer zweiten noch größeren Zimmerpflanze angekommen.

Naja, sagt der Mitarbeiter, und reißt sich jetzt zusammen, schwierig. Wären Sie geistig eingeschränkt, sagt er, ohne zu wissen, wo der kleine Mann gerade ist, könnte ich Sie sofort vermitteln, aber zu klein ist eine Katastrophe.
Der kleine Mann schiebt den Stuhl an die Wand, zwängt ihn zwischen Zimmerpflanzentopf und Ordnerschrank, wo er nicht mehr davonrollen kann, und beginnt draufzuklettern. Doch er muss dort bleiben, von da oben kann er den Stuhl nicht mehr bewegen. Der Vermittler kann den kleinen Mann in der Nische nicht sehen, aber der kleine Mann sitzt.
Sie haben ein Glück, ruft plötzlich der Vermittler, hallo, Herr Klein, wo sind Sie denn! Hier, ruft der kleine Mann von seinem Stuhl, wedelt mit der Hand aus den Blättern der Zimmerpflanze. Ich habe etwas gefunden, redet der Vermittler weiter. Was genau meinen Sie?, fragt der kleine Mann. Es geht um einen Mini-Job in einem Mini-Shop. Großartig, ruft der kleine Mann. Ist Ihre Frau auch so klein, fragt der Vermittler, so nebenher beim Tippen. Müssen Sie sich übereinander stellen, wenn Sie ins Kino gehen? Der kleine Mann stutzt. Scherz, sagt der Mitarbeiter, war ein Scherz, ein kleiner, er braucht sein Taschentuch wieder, aber nur kurz, er denkt an seine Frau, die gern shoppen geht, aber selbst nichts verdient, und wird wieder ernst. Hören Sie, Herr Klein, wo auch immer Sie gerade sind, wir haben ein Miniaturenland aufgebaut, die Stadt will mehr Wohnraum für kleine Leute, EU-Statistiken sprechen davon,

dass die Leute immer kleiner werden, da muss man reagieren, draußen am Stadtwald, beste Lage, auch die Wohnungen, und es kommen zum Einkauf nur kleine Leute, Sie haben doch Erfahrung im Verkauf von kleinen Sachen.

Der kleine Mann jubelt innerlich, wäre beinahe vom Stuhl gefallen, natürlich, die Kleintiere, und ich hatte als Kind einen Kaufmannsladen, so einen kleinen, Sie wissen schon, mit kleiner Kasse und kleinen Regalen und kleinem Ladentisch und kleinen Preisen. Ich habe mir meist alles selbst verkauft, aber die anderen kaufen doch nicht anders.

Besser vorbereitet kann man doch fürs Leben gar nicht sein, ruft der Vermittler, Herr Klein, ich schicke Ihnen die Formulare, die sind zu groß für Sie zum Mitnehmen, er prustet kurz, haben Sie verstanden, Sie melden sich am Montag bei Herrn Kleinschmidt, das ist der Betreiber vom Miniaturenland.

Der kleine Mann durfte den Stuhl behalten, für den Spaß, sagte der Vermittler, bin ich Ihnen jeden Stuhl schuldig. Er rollt damit nach Hause, wo ihm seine Frau runterhilft, während er überschwänglich von dem neuen Job berichtet und sich freut. Sie freut sich auch, sie umarmen sich lange. Herr Klein hat noch dazu eine Idee, holt aus dem Kühlschrank einen Piccolo, macht ihn auf, gießt zwei Gläser ein, sie stoßen an, die Gläser klingen, sie sagt, nun möchte ich ein Kleinkind. Kleinigkeit, sagt Herr Klein.

Das Geschenk

Drei Stunden lang war ich durch die Stadt gehetzt, aber ein Geschenk für Tobi habe ich nicht gefunden. Ein Spielzeuggeschäft gäbe es noch, muss ich auf dem Nachhauseweg sowieso dran vorbei. Mit meinem Enkel Tobi, das kann ich ja sagen, hat mein Sohn nach zweiundzwanzig Jahren mal was Ordentliches fabriziert. Nach Tobis Geburt sagte ich zu ihm, denke daran, auch wenn das Kind nach seiner Mutter kommt, musst du dich drum kümmern. Mittlerweile sind fünf Jahre vergangen und noch zeichnet sich kein zweites Experiment ab. Erfreulicherweise scheint es so, dass die geradlinige, aufgeschlossene und wirklichkeitsnahe Entwicklung von Tobi meiner Einflussnahme zu verdanken ist, auch wenn ihn seine Mutter lieber selbst erziehen würde und immer sagt, keine Gewaltfilme, keine Kriegsspiele, keine Farbstoffe in Süßigkeiten und keine Süßigkeiten. Dabei spielen wir im Garten doch nur Anschleichen, stärken uns mit Nugathörnchen und Schokomilch mit viel Milch.
Ab und an zeige ich Tobi das Anlegen einer Verteidigungsstellung oder das lautlose Ausschalten eines Gegners hinter der feindlichen Linie, bisweilen auch ein paar gängige Verhörtechniken sowie das Tarnen des Soldaten im bewaldeten Mittelgebirge. Dazu schneide ich manchmal vom Nachbarn seiner Silbertanne ein paar Zweige ab, aber nicht ohne den Tobi einzuschärfen, dass man nicht klaut, außer es wird über ein Gebiet

der Ausnahmezustand verhängt und Klauen Requirieren heißt. Bevor wir also unsere Ausrüstung anlegen, verhänge ich den Ausnahmezustand, damit das dem Kind auch schlüssig erscheint, vergattere den Tobi, dass er militärische Geheimnisse keinesfalls preisgeben darf, weder über die Ernährung der Truppe noch über deren Bewegungen. Manchmal zeige ich ihm ein paar Griffe, wie man schnell und ohne Kraftaufwand jemanden zu Boden schickt, schließlich kommt er bald in die Schule, und was dort los ist, lese ich jeden Tag in der Zeitung. Tobi ist gern bei uns. Zwar steht meine Frau meist in der Tür und schüttelt den Kopf, wenn wir uns formieren, und ich sage, Tobi, Oma ist ein Zivilist, die wollen immer Frieden, aber nichts dafür tun.
Der Laden, in den ich noch schnell gehe, hat eine riesige Türglocke, die so laut hallt, dass ich mich ducke und jeden Moment mit dem Eintreffen einer großen Anzahl Pilger rechne. Ich stehe plötzlich inmitten einer Schar Frauen und denke, die Pilger sind schon da. Über den Daumen gepeilt sorgen sechs Mütter und acht Kinder in nahezu farblich identischen Gewändern für außerordentlich schlechte Luft. Eine baumhohe Frau steht neben mir und wippt, und ich denke, entweder muss die mal oder hat Parkinson. Dann sehe ich das Baby vor ihrer Brust, sie wiegt ihr Kind, da musst du als Mann rhythmisch sein und hoffen, dass die es irgendwann in den Knien kriegt. Das Baby ist durchs Wippen aufgewacht und plärrt nun in mein rechtes Ohr. Ich geh noch mal raus, vielleicht habe ich mich in der Tür

geirrt, oder hier steht draußen dran, was es drinnen gar nicht gibt, dann lese ich das Schild: Für Eltern, die ihre Kinder lieben – Bio- und pädagogisches Spielzeug.
Ich gehe wieder rein, fragen kostet nichts. Links schlägt ein Junge auf ein Schaukelpferd ein. Plötzlich schießt ein Mädchen in einem karierten Sack ums Eck und spuckt ihm ins Gesicht. Die Spucke verklebt sein rechtes Auge, doch das linke reicht ihm, dass er dem Mädchen mit dem Stock ein richtiges Ding verpasst, sodass die wie ein Brett nach hinten kippt, hart auf den Boden schlägt, strampelt und brüllt. Ich steige drüber, gehe auf die Verkäuferin zu, und schreie, weil man sein eigenes Wort nicht versteht: »Guten Tag!«
»Sie wünschen?«, schreit sie.
»Ich suche ein bestimmtes Geschenk für meinen Enkel!«
»Woran haben Sie denn gedacht?«
»An eine originalgetreue Nachbildung des M16 Sturmgewehrs mit montierbarem Granatwerfer M203 und zusätzlichem Pistolengriff unter dem Vorderschaft!«
Die guckt mich an wie das erste Auto. »Wir haben keine Gewehre, wo denken Sie denn hin. Wir verkaufen Kinderspielzeug!«
Ich beuge mich über den Ladentisch und sage: »Ich habe natürlich von einer Nachbildung gesprochen.«
»Was wollen Sie den mit solch einer Grässlichkeit?«
»Grässlich würde ich nicht gerade sagen, die Waffe hat sicher ihre Nachteile, zu wenig Schuss pro Minute, die Feder ermüdet schnell, es ist relativ anfällig, wie gesagt

das Original, ich gucke Actionfilme, daher weiß ich das.«

»Feder ermüdet? Zu wenig Schuss pro Minute? Anfällig?«, fragt sie und fragt und bekommt wenig Luft.

»Hätten Sie jedoch, was ich nicht glaube, ist mehr für Spezialkommandos, das S21 Kommandosturmgewehr, würde ich lieber das nehmen. Experten sagen, es sei handlicher, verfüge über eine wesentlich höhere Schussfrequenz und eine Laserzieleinrichtung, Sie wissen schon, die Leuchtpunkte, die man in Filmen auf Stirnen sieht.«

»Hören Sie, machen Sie Witze?«, fragt sie.

»Nein«, versichere ich, »der nächste Krieg kommt bestimmt, dass ist historisch und statistisch belegt, Kinder müssen jetzt lernen, sich zu verteidigen, was soll denn sonst werden, bei der Armee?«

Sie schweigt und zählt Kassenbons. Hinter und neben dem Ladentisch liegen Kinder verkeilt ineinander und japsen, ziehen sich an den Haaren und fluchen wie die Landsknechte, Hosenträger platzen ab und schnippen durch die Luft.

»Wussten Sie überhaupt«, frage ich, »dass man auf einige Gewehre Schalldämpfer aufschrauben kann? Da ergäben sich bei dem Lärm hier ganz neue Möglichkeiten.«

Die Verkäuferin hat durchgezählt, ist erstarrt. Ich denke, mein Humor übersteigt ihre Fähigkeiten. Hinter mir kracht's plötzlich. Ich drehe mich um. Ein Kasperkopf kommt auf mich zugeflogen, ich kann mich ge-

rade noch ducken, die bewegungslose Verkäuferin, deren Weltbild ich schwarz übermalt habe, duckt sich nicht, hat nur Glück, irgendwo hinter ihr schlägt der Kasperkopf ein.
»Wir sind doch kein Rüstungskonzern«, sagt sie plötzlich, »wir sind ein verantwortungsbewusstes Spielzeuggeschäft. Unsere Kunden legen Wert auf kreatives Spielzeug. Kinder sollen lernen, gemeinschaftlich konstruktive Ideen zu entwickeln, und wir stehen dafür, nur gesundheitszertifizierte Produkte anzubieten, ohne Schwermetalle, Nitrosamine und Formaldehyde.« Sie beugt sich zu mir über den Ladentisch und zischt: »Wir brauchen Menschen, die friedlich und wertbemessen miteinander umgehen.«
»Verstehe«, sage ich und wollte ansprechen, das friedlich oft auch mit lahmarschig verwechselt würde, doch plötzlich tritt mir jemand gegen das Schienbein. Ich gucke nach unten. Dort stehn der Bengel mit dem Stock und sein Opfer im karierten Sack. Beide gucken mich an, strecken die Zungen raus, die Göre spuckt mir ans Hosenbein und der Rotzer schlägt die Spucke auf meinem Hosenbein breit. Ich beuge mich zu beiden hinab, blicke von einem zum anderen, lächle und sage: »Solltet ihr nicht binnen weniger Sekunden friedlich und wertbemessen sein, hau ich euch, jedem einzeln, ein paar Ordentliche hinter die Löffel.«
Stille. Ich komme wieder hoch, wende mich der Verkäuferin zu und sage: »Zu süß, die Kleinen, aber hören Sie, was ich noch sagen wollte, meine Teddybären be-

standen nur aus Schwermetall, wir haben die zu zweit schleppen müssen, meine Eisenbahn war zu einer Hälfte aus Formaldehyd, die andere bestand aus Asbest, aber wir haben niemand angespuckt, nicht mit Stöcken Passanten traktiert, nicht geflucht und die Nachbarn gegrüßt, vielleicht hat die Chemie das Hirn träge gemacht, aber das ist doch nicht immer schlecht, gerade heutzutage, wo es kaum noch gebraucht wird.«
Die Verkäuferin sieht aus, als hätte sie jetzt gern ein M16. Ich schaue mich im Laden um, erhasche ein paar Satzfetzen, Oskar, mach langsam, dahinter, Gottfried, denk an deine Knie, und rechts neben mir, die baumhohe Frau flüstert dem Baby ins Ohr, du musst gleichmäßig atmen, Martha. Für den Moment könnte ich auch im Altenheim an der Essensausgabe stehen. Die Verkäuferin hat sich besonnen und schreit wieder: »Wir haben nichts für Sie! Sie stammen noch aus dieser altmodischen und antiquierten Generation, Jungen Holzgewehre und Mädchen Puppen, die Zeit ist Gott sei Dank vorbei.«
»Genau deswegen«, brülle ich jetzt richtig laut, »muss der Tobi lernen, wie er sich verteidigt gegen Gemüsedrachen und schadstofffreie Pädagogen!« Da guckt der Bioschreck erschreckt und ich verschwinde.
Morgen kriegt der Tobi sein Geschenk, fahre ich ins Paunsdorf-Center zu TOYS-R-US, denn sollte die Türglocke die Pilger rufen, muss man gewappnet sein, und sehen, dass einem die Munition nicht ausgeht.

Schiller und der Räuber

»Schiller, mach dich fertig, wir gehen einkaufen!« Der Hund liegt auf dem Sofa, ich rufe noch mal, rassle mit Halsband und Leine, keine Reaktion. Scheint die Sonne nicht, ist der ganz schlecht rauszukriegen. Der Schiller ist ein ziemlich großer Mischlingshund, wiegt zweiundsechzig Kilo, da kannst du ziehen.
Mein Kumpel Manne hatte im Internet ein Hunderassen-Berechnungsportal gefunden, und nach der Überweisung von 43 Euro, der Eingabe bestimmter Daten, haben wir erfahren, dass der Schiller aus sechsundzwanzig Prozent Berner Sennenhund, dreißig Prozent Tibetdogge, elf Prozent Sussex-Spaniel und fünfundzwanzig Prozent Shiloh Shepherd besteht. Die fehlenden acht Prozent haben wir den Ohren zugeschrieben. Habe ich Schiller einmal bis vorm Fahrstuhl, dann bewegt er sich selber. Vor der Haustür merkt er, dass es nach draußen geht und wedelt mit seinem Stummelschwanz, schießt durch die Tür, und ich fliege hinterher. Warum der Schiller heißt? Als Welpe hat er alles zerkaut, auch eine Taschenbuchausgabe der »Räuber« von Schiller. Das war eine ganze Schiller-Edition gewesen. Zum Glück hat er nur die Räuber erwischt. Meine Ehemalige, die Dorothea, gab vor, das gerade zu lesen. Vor den Räubern hatte der Schiller aber schon ein neues Paar Schuhe von Dorothea zerbissen, ein Abendkleid, in das sie sowieso nicht mehr reinpasste, und den Federhalter. Als ich gesagt habe, »wegen dem Stift«,

brüllte sie, der sei von Montblanc, ob ich eigentlich wüsste, was der gekostet hätte! Und ich sagte, Montblanc ist ein Berg, den könne sie gar nicht bezahlen. Kurz und gut, das hatte unserer angespannten Beziehung den Rest gegeben. Dorothea warf irgendwas großes Gelbes nach mir und schrie, ich solle das Mondkalb mitnehmen und mich nie mehr blicken lassen. Das war übrigens das letzte Mal, dass der Hund schneller war als ich. Seitdem heißt der Schiller.
Ich wohne vorübergehend bei meinem Kumpel Manne. Bei dem sieht's aus wie nach einem Häuserkampf, da kann der Schiller nichts mehr kaputtmachen, geschweige denn, klassische Literatur finden. Keine Bücher weit und breit. Wir gucken oft und lange fern, und die Glotze ist dem Hund zu groß.
Manne ist gerade zum Frühschoppen. Ich bin diese Woche mit dem Einkaufen dran, da nehme ich den Schiller immer mit. Das Kaufland ist gleich um die Ecke, dort binde ich ihn immer vorne an so einen Ring und sage: »Schiller, sitz, ich komme gleich wieder.« Ich mache noch einen extra Knoten, das ewige Leben hat die Leine nicht mehr.
In dem Laden ist die Hölle los, egal zu welcher Tageszeit, immer dieselben Bilder, vormittags schlurfen Rentner, nachmittags plärren Kinder. Vorne laufe ich immer ganz schnell durch, da stehen die ganzen Nervtöter, Vodafone, gelber Strom und die Wurstblattverkäufer von der LVZ. Als ich bis zum Käseregal vorgedrungen bin, kommt plötzlich Tumult auf. Links, zwischen Info-

Stand und Getränkeabteilung, ruft jemand um Hilfe: »Hilfe, Hilfe!« Drei, vier Leute drehen sich um, vormittags wandeln hier in der Mehrzahl Schwerhörige, wahrscheinlich hat's einen von den Patienten umgehauen. Ich gehe Richtung Kasse, mal nachgucken, da ruft's wieder »Hilfe!« und »Nehmen Sie den Hund weg! Hilfe!« Ich schnalle noch gar nichts. Doch dann sehe ich einen Pudel wie einen Pfeil am Waschmittel-Regal vorbeischießen.
Keine drei Sekunden ist der vorbei, taucht etwas großes Braunes auf, genau vor dem Gestell mit den Blumensträußen. Das kann nur der Schiller sein, denke ich und rufe ihn, aber er hört nicht. Der Pudel sprintet eine Reihe weiter vorn wieder zurück, schrammt am Sonnenbrillenständer vorbei, ein paar Brillen fallen runter. Ich rufe den Schiller noch mal, keine Reaktion. Der Pudel schießt wieder retour. Zwei ältere Damen kommen auf mich zu gerannt, alle beide mit Stock, siehst du mal, denke ich, wie die laufen können, wenn die LVA nicht zuguckt. Dann sehe ich den Schiller wieder kurz, wie er auf den Sonnenbrillenständer zudonnert. Er kommt nicht zum Halten, wirft das ganze Gestell um, die Brillen fliegen davon, das Gestell rollt und scheppert über das Angebotsschild vom Melitta-Supergünstig-Röstfein. Der Pudel taucht kurz auf, verschwindet um die dritte Gefriertruhe herum, wo die Fischkonserven stehen. Ich renne schräg rüber durch die Getränkeabteilung, weil ich dem Lärm nach Schiller dort vermute, um ihm den Weg abzuschneiden.

»So eine Unverschämtheit«, höre ich es hinter mir, »muss sich denn jeder, der keine Ahnung hat, einen Hund zulegen!« Die Vodafone-Tussy in ihrem telefongrauen Anzug guckt mich an. Ich sage: »An Ihrer Stelle würde ich ganz schnell verschwinden, ihr habt vorigen Monat zweimal abgebucht, mein Hund hat ein sehr gutes Gedächtnis.« Ruckzuck ist die weg.
Schiller taucht auf, beginnt die Kurve auszuloten, und dann scheppert's wieder. Hinter den Gefriertruhen bauen die immer eine Pyramide aus irgendwelchen Büchsen, die hat Schiller mit dem Hinterteil erwischt. Plötzlich taucht eine völlig hysterische Frau neben mir auf. Ich denke, die sieht aus wie der Pudel, das ist bestimmt das Frauchen vom Pudel, sie schreit auch: »Hubertus, Hubertus!«, holt Luft, fasst sich ans Herz und fragt mich, ob die braune Kreatur mir gehört. Ich lasse sie stehen, gehe ums Chips-Regal rum. Einer mit einem weißen Kittel hat sich jetzt zwischen die beiden Hunde geschaltet. Ich kann nicht genau sagen, ob der dem Pudel nachjagt oder vor Schiller ausreißt. Die Büchsen aus der Pyramide sind bis hier vorgekullert, da schreit's wieder um Hilfe. Ich denke, was für ein Aufstand, ich höre genauer hin: »Hilfe, Hilfe, meine Handtasche! Haltet den Dieb!«
Also der Schiller mag ja schlechte Manieren haben, aber mausen tut er nicht, auch keine Handtaschen. Ehe ich weiter drüber nachdenke, rennt eine kleine, dicke Frau an mir vorbei, ganz in Schwarz, sieht aus wie ein Eishockeypuck, und jetzt erst blicke ich durch. Hat doch

so ein Gauner dem Eishockeypuck seine Handtasche geklaut. Von Schiller sehe und höre ich nichts mehr, auch nicht vom Pudel, wobei die Pudelkönigin immer noch zetert, »Hubertus, Hubertus!« Beinahe wäre ich über den Eishockeypuck gestolpert, der steht zwischen Schokolade und Cracker und wimmert. Ich drehe noch eine Runde, messe den ganzen Supermarkt aus, nichts, kein Hubertus, kein Schiller. Der Lehrling sammelt die Büchsen zusammen. Ich frage die beiden Damen an der Information, ob sie einen kleinen und einen großen Hund gesehen hätten. Beide Damen zeigen gleichzeitig nach draußen. Ich raus. Dort sehe ich den Schiller vorm Fahrstuhl zur Tiefgarage liegen, ein Hosenbein von dem Kerl in der Schnauze, der sich die geklaute Handtasche vor die Brust hält und zittert wie Espenlaub.
Was soll ich sagen, im Nu ist die Bildzeitung hier gewesen, die haben mich und den Schiller fotografiert, in der Abendausgabe auf der ersten Seite der Schiller und ich, drunter fett gedruckt: DRAMA IM SUPERMARKT: SCHILLER UND DER RÄUBER.

Sehr Frieden

Ich war mal arbeitslos. Die Stütze nicht viel, aber sicher. Mich konnte keiner abbauen. Doch eines Tages kam meine Frau, und anstatt zu grüßen sagte sie, so in meine Lieblingsserie hinein, dass ich mich kümmern solle. Ich fragte, was sie meine, und sie sagte, sie meine das Job-

center, und dass die Arbeit hätten, es ginge vordergründig auch nicht ums Geld, sondern darum, dass sie und der Fernseher mal Ruhe brauchten.
Am anderen Tag, frühmorgens gegen Mittag, stehe ich beim Bäcker in der Schlange, gucke durchs Schaufenster und sehe das Schild vom Jobcenter, der Eingang gleich über die Straße, und ich denke, Mensch, gar nicht weit weg, gehe ich nachher mal rüber, die haben sowieso keine Arbeit, meine Frau kann in den Keller gehen, wenn sie Ruhe braucht. In der Anmeldung sagt die, dass ich erst mal einen Termin machen müsse und drückt mir einen Zettel mit der Hotline-Nummer in die Hand. Also gehe ich nach Hause, mache Frühstück und rufe dort an. Ich tippe die Nummer ein, es dudelt Freude schöner Götterfunken, ich lege das Telefon neben den Kaffee und denke, zum Abendbrot komme ich ja wieder hierher, aber nichts da, schon beim zweiten Brötchen knackt es, eine Frauenstimme sagt, willkommen im Jobcenter herzlich, Name meiner, Akikara Korisawander Dörflein, und sie sagt noch, sie habe Frage?
Nee, sage ich, ich habe Frage.
Ich bin schön für Sie da, sagt sie, gerne auch bitte.
Ich weiß nicht, ob Sie schön sind, ist Telefon, sage ich und denke, hätten sie wenigstens hier eine hingesetzt, die man versteht, aber gut, ehe sie mich als Gefährder einstufen und mich abschieben, stelle ich mich ein und sage, ich auch schön, würde gern können machen wollen Termin, gut gehen wäre, Ende so Woche.
Oh, sagt sie, Ende so Woche, hier verschlossen, zu.

Bei uns hier ist Ende so Woche so Freitag, sage ich, und Freitag aufgeschlossen.
Mir leid, sagt sie, aber 9.6. Freitag voll, schlecht gehen.
Ich auch schlecht gehen, wenn ich voll, sage ich.
Sie können gehen mit Bus, ist Haltestelle vor Platz auf Tür.
Ich nicht weit, ich gleich auf Tür bei Platz.
Sie schon da?
Nein, nein, ich nicht da, ich aber, wenn da, schnell da, weil nicht weg weit wohne.
Sie wohnen auf Platz?
Nein, in Nähe auf Straße bei Platz.
Sie dachlos?
Nein, bei uns hat Haus noch Dach, sogar obendrüber, machen ich möchte Termin.
Oh, Termin, sagt sie, an 12. 6. Montag hätte ich gehen achte Uhr.
Achte Uhr bei uns noch Nacht, sage ich, elfte Uhr besser.
Sie lacht und sagt, meine Mann immer sagen, Akiki, meine Mann mich so reden, früher hat Vogel Wurm gefangen.
Heute nicht mehr so, sage ich, heute bestellt Vogel Wurm.
Sie lacht. Wenn die aussieht, wie sie lacht, ist es wahrscheinlich egal, ob die einer versteht.
Wie ist 13. Dienstag?, frage ich.
Gehen, sagt sie, vierzehnte Uhr, Herr Dombrovsky noch frei.

Schön, sage ich, bevor sie den einbuchten, ich nehme.
Danke sagt sie, ich hoffe Sie Frieden mit mir.
Ich so sehr Frieden, sage ich und lege auf.
Hast du dich gekümmert?, fragt meine Frau.
Klar, sage ich, dreizehnte Dienstag vierzehnte Uhr.
Sie guckt mich groß an und meint, es wäre wirklich Zeit, dass ich mal vom Fernseher wegkäme.
Dreizehnte Dienstag, vierzehnte Uhr, ich klopfe bei Dombrovsky, es ruft »bitte, ja«, aha, denke ich, eigentlich sollte es ja »ja, bitte« heißen, es geht also weiter.
Ich setze mich. Dombrowsky lehnt sich zurück, verschränkt die Arme, guckt mich an.
Ich sage, ich Arbeit suchen schöne, ich Frieden, wenn bezahlt.
Hören Sie, sagt er, beugt sich übern Schreibtisch und gibt mir einen Zettel, füllen Sie das aus und melden Sie sich bei der Adresse. Wenn Sie arbeiten möchten, was ich sehr begrüße, müssen Sie zunächst diesen Sprachkurs besuchen. Wir sehen uns in sechs Wochen wieder.

Die inneren Werte

Meine Frau kommt aus dem Wohnzimmer gerannt, wedelt mit einem Prospekt und sagt, wir müssen unbedingt zu Galeria Kaufhof.
»Wann?«, frage ich.
»Na jetzt. Bist du fertig? Zieh dir was über!« Aber sie

hält mich am Arm fest, tippt mit dem Zeigefinger auf die bunten Bilder im Prospekt und redet los.
»Ich denke, ich soll mir was überziehen.«
»Kannst du nicht zwei Dinge gleichzeitig tun! Also, guck her! Diesen Rock habe ich in irgendeiner teuren Boutique gesehen, wo er 220 Euro kosten sollte, bei Galeria, guck her, kostet der gleiche Rock nur 99 Euro! Den muss ich haben, Wolfi, bist du so weit, Zeit ist hier wirklich mal Geld.«
Ich sah mir das Bild an, dann meine Frau, wollte fragen, ob, aber da fällt sie mir ins Wort und meint, es muss nicht heißen, ob, sondern wann. »Du brauchst keine Jacke, wir haben Mai.«
Es liegt nicht daran, dass ich zu faul gewesen wäre mitzukommen, mir machen die Einkäufe Angst. Ich nehme mir den Prospekt, um noch mal genau draufzugucken auf besagtes Kleidungsstück. Schon vorhin, beim ersten kurzen Blick, wusste ich, es würde wieder genauso ablaufen, wie es immer ablief, Schweißperlen auf der Stirn, lachen, wo es nichts zu lachen gäbe, Nischen suchen, unentdeckt bleiben, wenn Theresa sich für Klamotten interessiert, die sogar Teenagern Furcht einflößen. Die Freude übers Schnäppchen sollte nur ein Vorwand sein, mir die Sache schmackhaft zu machen, denn ich glaube auch x Jahre nach dem Mauerfall noch immer nicht daran, dass mir irgendein Unternehmen irgendetwas schenken würde.
Dieser sehr kurze, die Taille hintenrum und die Hüfte betonende Rock wurde auf dem Bild von einem Taille-,

Hintenrum- und Hüfte-Model getragen, schätzungsweise achtzehn, die zwingend notwendigen Maße noch verfügbar. Warum haben sie nicht unsere sehr kurze, aber dafür sehr schwere Postfrau damit abgelichtet. Warum? Ich weiß es. Das nützt mir aber nichts. Natürlich gibt es auch Teenager, denen man besser eine Hosenpflicht auferlegen sollte, aber von uns Älteren wird doch verlangt, dass wir drüber nachdenken, bevor wir das Haus verlassen. Ich mag meine Frau, und sie sieht immer noch gut aus, allemal sehenswürdiger als dieses Schaufensterpüppchen, nur ist sie eben eine in die Jahre gekommene Sehenswürdigkeit, ein Denkmal sozusagen, das für jeden fehlenden Zentimeter an diesem Rock ein Jahr zu viel hat, und es fehlen eine Menge Zentimeter. Theresa hat da eine total andere Auffassung. Ihr brauche ich so nicht zu kommen.
Trotz allem habe ich es in dieser Hinsicht noch gut getroffen. Wenn ich da an Yvonne denke, die Frau meines Freundes Ulli, die ist der gleiche Jahrgang, hatte sich aber anstatt zu einem Denkmal in ein Mahnmal verwandelt. Ulli erzählt immer, wie die Yvonne ihn den ganzen Tag ermahnt. Das bleibt mir erspart, aber wenn Theresa, nur mal als Beispiel, ohne auch nur einen Blick auf ihr Geburtsdatum geworfen zu haben, in Modeboutiquen für Halbwüchsige nach Klamotten stöbert, bin ich ungern dabei. Da bin ich ehrlich, ob meine Frau eine gute ist, sie Einstein vollständig herbeten kann oder Moral mit einem Spaten gefressen hat, all das scherte den Rock nicht, der zielt aufs Äußere ab und trifft. Dem

Äußeren ist das Innere schnuppe. Eine dumme Lügnerin, die sich die Nase an der Tischdecke putzt und in ihrer Freizeit auf den Strich geht, aber tadellos in diesen Rock passt, belegt hier zweifelsohne vordere Plätze. Während ich also optisch und theoretisch versuche, meine Frau in dieses abenteuerliche Kleidungsstück zu zwängen, ruft sie auch schon, dass wir gehen sollten.
Ich gehe betont langsam die Treppen runter. Was gäbe ich jetzt für einen ungefährlichen, aber wirkungsvollen Treppensturz. Das würde Theresa abhalten, mich in der Damenmoden-Abteilung abzustellen, um sich von einer flippig, up to date kostümierten Neunzehnjährigen, die ihre Enkelin sein könnte, kaugummikauend und in vorsintflutlichem Deutsch einreden zu lassen, dass sie in dem Fummel nahezu außerirdisch, krass und toll aussähe.
Wir sind dann auch unerwartet schnell in der Damenabteilung. Ich stehe wie immer schräg hinter Theresa, als sie die Verkäuferin, die geräuschvoll Kaugummi kaut, nach dem Rock fragt. Die Verkäuferin hat zwei gewaltige Zöpfe, guckt durch eine Brille mit riesigem Gestell, als hätte jemand ein Gerüst an ihr Gesicht gestellt, und antwortet, sie hätten den letzten eben verkauft. »Warum verteilen Sie dann diese Prospekte?«, fragt Theresa.
»Ich habe die Prospekte nicht verteilt«, sagt sie.
»Na, nun werden Sie mal nicht albern.« Theresa guckt mich an. Das Manometer an ihrem Hals beginnt zu pulsieren. Die Verkäuferin sortiert Zettel und kaut. Ich gehe einen Schritt zurück, atme aber nicht auf, obwohl

der letzte Rock weg ist, gibt es dafür noch keinen Grund, denn Theresa fragt die Wiederkäuerin, ob sie auch richtig nachgesehen habe. Dabei hakt sie sich in den Riemen ihrer Handtasche, und ich weiß, sie hätte dort gern ein Gewehr. Die Verkäuferin sortiert, kaut und schüttelt andauernd den Kopf, sodass sich der rechte Zopf ständig in dem Brillengestell verhakt. Sie kommt nach vorn, die Zettel wegbringen. Beim näheren Betrachten wird sie älter, in ihrer Schuluniform, den weißen Socken und hellblauen Schuhen sieht sie aus wie eine Schülerin, die in der sechsten Klasse zweiundvierzig Mal sitzengeblieben ist.

»Natürlich habe ich nachgesehen«, sagt sie plötzlich, und gleich macht sie eine Bemerkung, die ich anders formuliert hätte. »Wir haben nur noch kleine Größen vorrätig.«

Theresa springt an und fragt so laut, als stünde die Verkäuferin in einer anderen Stadt: »Was heißt hier, nicht mehr in meiner Größe?« Sie ist auch keine, die donnert und geht, sie donnert weiter.

Ich stehle mich unauffällig davon, keine Ahnung, wohin, aber weg. Ein paar Frauen tuscheln schon. Unbemerkt vergrößere ich den Abstand und finde mich plötzlich in einer Horde Dessous tragender Kleiderpuppen wieder. Es kommt auch gleich eine angerannt, anscheinend die Schwester vom Brillengestell. Ich mache kehrt. Theresa kommt angestürmt und sagt, hierher müsse sie nachher auch noch, aber erst will sie mir etwas zeigen und drängelt mich, mitzukommen.

»Du hast doch noch einen Rock bekommen?«, frage ich.
»Ach«, sagt sie und winkt ab, »kommt die doch mit einem Teil aus der Kinderabteilung, das Ding hätte ich als Ärmelschoner nehmen können.«
Plötzlich stoppt sie, dreht mich in eine bestimmte Richtung und flüstert: »Guck doch mal, das ist doch Ullis Frau.«
»Tatsächlich«, sage ich, »das Mahnmal.«
»Was hat die denn an?!«, fragt Theresa.
»Wie es aussieht, hat die dir den letzten Rock weggeschnappt.«
Ich gehe näher ran. Vor dem Spiegel steht Yvonne und müht sich ab. Wie eine Raupe ringelt sich der Saum des Rocks ihre ausgewachsenen Oberschenkel hinauf. Man hätte ja meinen können, dass jenes Stückchen Stoff, das unterhalb fehlt, oben Verwendung gefunden hätte, aber dem war nicht so. Yvonnes Taille expandiert, je mehr sie sich bückt und reckt, desto mehr Rollen erscheinen, stapeln sich, Yvonne könnte als Rolltor durchgehen. Mich erschreckte im Gegensatz zu ihr das Spiegelbild, das trotz der verlustig gegangenen Konturen der Hüfte, die von den Oberschenkeln bis unter die Schulterblätter reicht, nicht eine Träne vergießt.
»Das sieht so verboten aus«, sagt Theresa, »hat die vergessen, wie alt sie ist?«
»Ein weit verbreitetes Problem«, sage ich.
»So was würde ich doch nie anziehen, zu seinem Alter soll man stehen.«

Ich atme auf, wohl wissend, dass der nächste Einkauf ähnlich ablaufen würde, sie sagt noch, ich solle ihr mitteilen, wenn sie übers Ziel hinausschießen würde, und ich sage, dass ich deswegen vorsichtshalber mitkäme.

Pädagogisch wertvoll

Mitten in der Nacht rief mich meine Mutter an und stotterte, es ist da, Friedrich, es ist da. Was ist da?, fragte ich, kroch aus der Decke, blinzelte in die Nachttischlampe, versuchte den Wecker zu entziffern. Meine Mutter redete ununterbrochen weiter. Deine Schwester Anne war acht Monate und zweiundzwanzig Tage schwanger, falls du dich erinnerst. Ja, und? Danach bekommt man meist ein Kind. Schön. Stell dir vor, vier Kilo, 48 Zentimeter, es kam auf ganz natürlichem Weg. Wie denn sonst? Was isses denn? Ein Junge. Emil heißt er. Sag mal, hat dir Anne nicht das Ultraschallbild gezeigt. Doch, aber da war kein Emil drauf. Mein Gott, Friedrich! Morgen kommst du in die Klinik. Warum? Willst du dir den kleinen Emil nicht ansehen? Wenn nichts dazwischenkommt, sehe ich den noch mindestens sechzig Jahre. Wie sechzig Jahre?
Morgen in der Klinik. Knack. Aufgelegt.
Anderentags, gegen vier, ich hatte mich eine Stunde früher von der Arbeit weggeschlichen, stand ich vor einem kleinen Bett. Anne sah erwartungsvoll zu mir herüber. Ich beugte mich nach unten und fand ein knitt-

riges Gesichtchen, das aus einem buntbedruckten Sack hervorblinzelte. Das muss Emil sein, dachte ich und sagte, hallo Emil. Keine Reaktion. Warum steckt er in einem Sack?, fragte ich. In dem Moment ging die Tür auf, und der neue Papa kam recht forsch auf mich zu, schlug mir auf die Schulter, zeigte auf das Bettchen und tönte, mein Sohn. Hätte ich nicht gedacht, sagte ich, der sieht nicht mal Anne ähnlich, der könnte von jedem sein. Der neue Papa beugte sich nach vorn, um sein Erbgut zu erkennen. Ich mochte Jakob, so wie man den Postboten vielleicht mochte, oder die Kassiererin im Supermarkt. Meine Schwester mochte ich auch, aber heiraten würde ich deshalb alle beide nicht. Jakob und Anne waren schon vier Jahre zusammen. Ich fand, dass sie sich charakterlich viel zu sehr ähnelten, viel zu viel abwogen und planten: Einkäufe, Sex, Altersvorsorge und natürlich den Nachwuchs.

Du bist ein Blödmann, Friedrich, rief meine Schwester, und dann tauchte Mutter auf. Sieh mal, flüsterte Jakob und zog mich zu sich hinab, die Nase, die hat er von mir, das ist eine Winkler-Nase. Es gibt zirka eine Million Winkler, nur in unserer Straße, sagte ich. Er ging auf die andere Seite des Bettchens. Du meinst, der Emil ist mir nicht ähnlich? Kein Stück, aber das muss nichts heißen. Vielleicht wurde er auch nur vertauscht, das passiert den Babys laufend.

Meine Mutter hatte sich hinter uns geschlichen und gab mir einen Klaps, von wegen vertauscht, sagte sie, ich höre doch wohl nicht recht. Mama, rief Anne, warum ist dieser Idiot hier? Ich setzte mich zu meiner Schwester auf die Bettkante, versteh mich nicht falsch, sagte ich, um sie zu beruhigen, du warst wirklich nur mit Jakob zusammen. Friedrich, sagte Mutter, leider haben sie dich damals nicht vertauscht. Geh Kaffee holen und für Anne einen Saft.

Ich spazierte über zwei Etagen und durch drei Flure zur Cafeteria. Überall standen Bettchen mit schlafenden und schreienden Babys, und alle sahen sie aus wie Emil. Als ich zurückkam, war das Zimmer brechend voll, mit Jakobs Eltern und den übriggebliebenen Urgroßeltern, Urgroßmutter Winkler und unser Uropa Albert und Jakobs Bruder mit seiner buntbemalten dritten Frau und noch drei, vier Leute, die ich nicht weiter kannte. Mein Vater wollte später kommen, da war er wie ich, wir warteten in der Regel, bis sich der grobe Familienstaub gelegt hatte.

Alle standen um Emils Bettchen herum und starrten hinunter. Uropa Albert sagte, als dein Vater geboren wurde, damals 42, da haben die Engländer gerade das Krankenhaus bombardiert. Mama warf ihm einen bösen Blick zu. Doch der Großvater war wie immer nicht zu bremsen, wippte seinen Kahlschädel hin und her und brummte, heutzutage wirst du höchstens noch vertauscht. Was habe ich gesagt, sagte ich zu Jakob. Die Nase ist von den Winklers, meldete sich Großmutter Winkler. Genau, stimmte Jakob zu. Da hätte die Hälfte auch gereicht, mischte sich Großvater Albert ein. Willst du damit sagen, empörte sich die Schwiegermutter, wir hätten zu große Nasen? Natürlich. Und ihr gebt sie laufend weiter. Jetzt nehmt doch mal Rücksicht, sagte Mutter.

*

Fast zwei Jahre später, an irgendeinem Nachmittag, war ich Emils Aufsichtsperson. Alle hatten mir versichert, dass sie mich nur bemühten, weil die anderen keine Zeit hätten. Vor mir lagen drei handschriftlich verfertigte Bedienungsanleitungen, zweiundzwanzig Telefonnummern und neben dem Tisch der Feuerlöscher. Emil konnte schon ganz gut laufen, Mama und Papa sagen, ja und auch meins und noch ein paar andere Worte, die wahrscheinlich richtig gemeint, aber schlecht zu verstehen waren.

Nebenbei gesagt, hatte er mit seinen Eltern noch immer keine Ähnlichkeit.

Da ich mit Emil schon lange ein ernstes Wort reden wollte, glaubte ich nun, dass er jetzt bereit sei. Zu spät hätte es ja keinen Zweck mehr, ihm ein paar wichtige Aspekte seines kommenden Lebens aufzuzeigen. Ich setzte mich mit ihm aufs Sofa. Seine Augen leuchteten, und ich hatte wirklich das Gefühl, er wollte ein paar Antworten.

Weißt du eigentlich, was dich erwartet, fragte ich ihn. Er schüttelte heftig den Kopf, mehr wegen einer Fliege, um ehrlich zu sein. Also pass auf. Lass dir Zeit mit dem Sprechen, hier und da ein Wort ist okay, aber vollständige Sätze solltest du dir so lange wie möglich verkneifen. Er lachte.

So witzig ist das nicht, fuhr ich fort, ab dem Tag, an dem du den ersten Satz zusammenbaust, genau in dieser Sekunde, wirst du bewertet, verlangen sie, dass du dich rechtfertigst, Gedanken verknüpfst, Ursache und Wirkung erkennst, Danke und Bitte sagst.
Emil rief nach seiner Mama. Ich bat ihn, mich nicht laufend zu unterbrechen. Mir hat seiner Zeit keiner was gesagt. Die Erwachsenen lachen zwar, wenn du verständliche Sätze sprichst, und klopfen dir auf die Schulter, sagen, so ein kluger Junge, aber insgeheim machen sie schon Pläne, kaufen Ölfarben und eine Staffelei, Tennisschläger oder, wenn es ganz schlimm kommt, eine Geige, die du dann Nachmittag für Nachmittag zersägen musst. Solange sie nur vermuten, was du ihnen sagen willst, werden sie dir nicht in den Ohren liegen, dass Fernsehen und Schokolade nicht gut seien.
Emil sagte Papa. Väter werden völlig überbewertet, sagte ich, wenn du es übertreibst mit der Sprecherei, schicken sie dich ruckzuck ein Jahr früher in die Schule. Dabei geht es ihnen überhaupt nicht um dich. Sie wollen nur angeben, weil in der heutigen Zeit nicht nur alle Mütter ihren Müll trennen, sondern auch permanent Genies in die Welt setzen.
Emil schüttelte heftig den Kopf. Willst du das nicht hören, oder geht's schon los, fragte ich. Er guckte der Fliege hinterher. Ich sagte, aufmerksam gucken geht gar nicht. Vermeide stets und strikt, aufgeweckt zu sein. Wofür mir mein Vater früher eine geknallt hätte, nennt sich heute hochbegabt. Es könnte also passieren, die

sind der Meinung, du würdest dich langweilen, nur weil der Lehrer die Zähne nicht auseinanderbringt, und im Nu nennt dich deine Mama genial. Du brauchst nicht die Telefonbücher der ganzen Welt auswendig herzusagen oder zu wissen, was der 16. April 1224 für ein Tag war, es reicht vollkommen aus, mit den Füßen zu strampeln, deiner Mama den Brei ins Gesicht zu spucken oder dem Lehrer das Auto anzuzünden.
Was für ein Glück, dass der Kleine noch nichts versteht, sagte Anne, als sie plötzlich neben mir stand.
Wer weiß, sagte ich.

Lühlei ohne Losinen

Der Asiate verlangte seit zirka drei Minuten beharrlich Lühlei ohne Losinen. Hatte sich die Verkäuferin bis eben noch gewundert, wurde sie jetzt aggressiv.
Im Café war die Hölle los. Frühstückszeit. Die Schlange zog sich in einem breiten S durch den schmalen Verkaufsraum. Ich stand im zweiten Bogen als Vierzehnter zufällig hinter dem, der gerade Lühlei ohne Losinen verlangte. Ich konnte in den Gesichtern um mich herum allerhand gewaltbereite Mimik erkennen. Auch in den Mienen der zwei Schulmädchen, die mit wehenden Zöpfen fröhlich hier hereingehampelt kamen, warfen sich erste Fältchen grimmig aneinander.
Der Laden nannte sich *Frühstücksidyll,* wobei sich die Idylle quälte, räusperte und unflätige Bemerkungen

murmelte. Straßenbauer, Studenten und Rentner saßen an den Tischen. Die Verkäuferin, die aussah, als wäre jede Menge rosa Marzipan an ihr verbaut worden, fragte den Asiaten: Was wollen Sie? Ich kann Sie ganz schlecht verstehen!

Wird nicht an den Ohren liegen, dachte ich.

Lühlei, bitte, ohne Losinen! Der Asiate war dabei, es auf die Spitze zu treiben, unbeirrt der Hilflosigkeit hinter der Theke. Ich überlegte, was der Asiate war, ein Chinese, ein Koreaner, ein Vietnamese oder ein Japaner, gar ein Mongole und woran man so etwas erkennen könnte. Ich sah ihn nur von hinten. Ich wusste, dass er schmunzelte, Asiaten schmunzeln immer.

Soll ich Ihnen das Rührei an den Tisch bringen? Die rosa Verkäuferin legte ihre Brust auf den Tresen und sah zu dem kleinen Mann hinab.

Japaner ist er nicht, dachte ich, die husten beim Reden und konnten wahrscheinlich das R. Koreaner hatten eckigere Köpfe. Mongolen haben Gesichter wie ihr Land, weit und unbebaut, nur hier und da ein Hügelchen. Vielleicht Vietnam oder China. Vietnamesen, die länger im Land verweilten, hatten sich das Schmunzeln abgewöhnt.

Ein Chinese.

Lühlei, bitte, ohne Losinen!, wiederholte er, hob den Kopf und konnte geradeso über die Theke gucken.

Sagen Sie doch um Gottes willen, was Sie mit Rührei ohne Rosinen wollen! Wir haben kein Rührei ohne Rosinen!

Wahrscheinlich ging die Verkäuferin die Sache falsch an. Natürlich hatten sie kein Rührei ohne Rosinen, weil sie auch kein Rührei mit Rosinen hatten. Aber das kam beim Chinesen nicht an. Ja, ja, bitte, ohne Losinen!
Was will er?, fragte mich mein Hintermann und zerrte an seinem Krawattenknoten, ein Büroangestellter im Pausenmodus.
Lühlei, sagte ich, aber eben ohne Losinen.
Was?
Rührei! Der will Rührei ohne Rosinen.
Rührei mit Rosinen, das kann doch keiner essen.
Deshalb will er es ja auch ohne Rosinen!, sagte ich.
Die vertilgen ja auch Hunde und Katzen, sagte die Krawatte, als die große Verkäuferin plötzlich rief: Margita! Komm mal, ich werd hasenwilde!
Unvermittelt stiebte es weiß aus einer Nische. Als sich der Staub gelegt hatte, stand dort Margita. So einen tollen Trick hatte ich zuletzt im Fernsehen bei Copperfield gesehen. Sie war das, was man ein Persönchen nennt. Meine Oma hätte gesagt, ein laufender Meter, reichte der großen Verkäuferin knapp über die Schürzenschleife, verschwand fast ganz unter ihrer viel zu großen Hygienekappe. Die Kurze tippelte an den Tresen, konnte sich nicht über den Ladentisch beugen, sie und der Chinese musterten sich durch das Glas.
Ich weiß nicht, was der will, jammerte die große Verkäuferin und guckte zu ihrer Kollegin runter. Margita holte Luft und fragte den Chinesen: du juu ingelisch? Worauf er sagte: Flühstück, Flühstück.

Die Nummer sieben in der Reihe, ein Fußbodenleger mit riesigen Knieschützern und Polstern an den Ellenbogen, rief, wenn du jetzt noch Stäbchen brauchst, brauchst du nie wieder was zu essen!
Margitas Englisch war schnell erschöpft. Ich sah an die Tafel neben dem Brotregal. Dort stand: Rührei auf Brötchen. Daneben hing noch eine Tafel mit Brot und Brötchensorten. Rührei auf Brötchen stand in der gleichen Zeile wie auf der Nachbartafel Rosinenbrötchen. Der Chinese hatte sich sein Frühstück zusammengereimt, nur die Rosinen wollte er nicht.
Schmier dem ne Katze aufs Brötchen!, rief von hinten ein Zimmermann und drohte mit dem Hammer.
Ich weiß doch nicht, was der will, sagte die große Verkäuferin.
Mensch, Margita, mache dem Rührei auf ein Brötchen! Gib dem Rührei, um Gottes willen, und ein Brötchen, mach!
Margita guckte zu ihrer Kollegin hinauf und fragte, was jetzt, Gisela, meinst du einfaches Rührei?
Haben wir vielleicht Spezialrührei, Margita, weißt du da mehr, kein Wunder, dass sich dein Mann hat scheiden lassen.
Um mich herum wurde es plötzlich unruhig. Eine ältere Dame drängte nach vorn, sah in ihrem Mantel aus wie ein giftgrüner Kegel mit blauem Filzhut, stellte sich neben mich an die Theke, hob ihren Stock. Die beiden Schulmädchen duckten sich. Die anderen verstummten. Ich bin zweiundachtzig, sagte die Dame, habe den Hit-

ler überlebt, den Honecker und bis jetzt die HYPO-Vereinsbank, aber das ewige Leben habe ich nicht!
Nu gib dem doch das Rührei, Margita!, jammerte Gisela.
Du juu Rührei?, fragte Margita den Chinesen durchs Glas.
In Giselas Nähten knirschte es, sie schien kurz vorm Platzen. Hör nur mal auf mit dem bescheuerten du juu, du juu, du bist wohl mit dem verwandt!
Student, Student!, rief der Chinese.
Die ältere Dame stieß mir den Stock ans Schienbein und sagte, früher war hier der Reichsbäckermeister Schletter, bei dem gab's ein Germania-Brot mit schöner brauner Kruste, kein Rührei, schon gar keine Chinesen, und Rosinen waren nur im Stollen, wenn überhaupt, und der hätte sich niemals so eine dämliche Haube aufgesetzt, und der Sohn, der junger Schletter, der war mit meinem Albert damals bei der Hitlerjugend, der hat immer so zackig gegrüßt in seiner schicken Uniform.
Jetzt hab ich's aber satt!, polterte Gisela, nahm zwei halbierte Brötchen, schmiss Rührei drauf, warf alles auf einen Pappteller und reichte es dem Chinesen über die Theke nach unten. Zwei Euro fünfundsiebzig!, sagte sie zu ihm, und ich will jetzt kein Wort mehr hören. Margita tipp ein, nimm deutsche Zahlen, die kann jeder lesen.
Der Chinese nahm den Pappteller entgegen. Ringsum hörte ich es aufatmen. Er machte kehrt, zwei Schritte und stolperte über den Stock der älteren Dame, die

immer noch von den Bäckereien im Deutschen Reich schwärmte, stürzte und landete genau vor den Knieschützern des Fußbodenlegers. Die Brötchen waren weg. Der ganze Laden lachte, ohne das Gesicht zu verziehen, der Fußbodenleger beugte sich zum Chinesen hinab und sagte, scheiß auf die Brötchen, Lühlei ohne Losinen, dass hat noch nie richtig geschmeckt.

Kranz zu verschenken

Nachmittags, zehn nach vier, ich bin auf dem Balkon, ruft meine Frau: »Wir haben den Kranz vergessen!«
»Was hat Franz gegessen?«, rufe ich.
Ein Höllenlärm auf der Straße. Unter mir parken die ersten Heimkehrer, in Lücken, in die sie kaum ohne Auto passen. Hupen. Ein Motor jault. Jemand ruft »Blödmann!«. Ein Baby schreit. Eine Fahrradklingel klingelt. Die Kehrmaschine biegt unten ein. Von oben kommt ein Porsche Cayenne, die Altersarmut schafft ihr Leergut weg, auf der Heckscheibe ein Aufkleber: Fahrzeug mit Emissionshintergrund.
»Wir haben den Kranz vergessen!« Das war wieder meine Frau.
»Ich versteh hier nichts, komm mal raus«, rufe ich.
»Ich versteh hier nichts, komm mal rein.«
So geht das bis halb sechs. Auf dem Fensterstock sehe ich eine kleine bunte Tüte, die ist neu, drauf steht: »Helfen Sie den Bienen – Ihr Blumenladen.« Ich nehme die

Tüte und schüttle, es klappert. Von wegen helfen, denke ich, die Bienen sind tot. Es ist keinem geholfen, wenn man ihn in eine Tüte steckt und Lügen draufschreibt, habe ich 89 bereits geahnt, wie die ticken. Jetzt gehe ich doch mal rein, mal nachfragen, was Franz gegessen hat, ob ich den kenne. Meine Frau ist weg.

»Wo bistn du?«, frage ich. »Hallo!«

Im Arbeitszimmer ist ein Bücherregal, da steht sie manchmal auf einer Leiter. Da ist sie nicht. Ich laufe zum Badezimmer, ihrem Zweitwohnsitz, niemand. Bedenklich. Ich rufe an, um rauszukriegen, wo sie ist und wie ich laufen muss. Besetzt.

Ich könnte ihr eine WhatsApp schicken, aber sie ist nicht in meiner WhatsApp-Gruppe, da sind nur Freunde. Wenn sie ganz weg wäre, wir hätten noch gar nichts geregelt! Ich stelle mich in den Flur. Hier kommen die Zimmer zusammen. Vielleicht kann ich sie abpassen oder jemand fragen. Acht Minuten warte ich. Nichts.

Ich beginne, nach einem Abschiedsbrief zu suchen. Nichts zu finden. Auf der Hutablage sitzt Kanzler Kohl, unser Kater, der heißt so, weil er gern Innereien frisst.

»Hast du unsere Frau gesehen«, frage ich, »so eine schlanke, blonde, hinterrücks jünger?«

Kanzler Kohl guckt auf seine Pfoten und schweigt. Ich muss Phase zwei einleiten. Nachbarn befragen, Fotos an Bäume heften, im Supermarkt einen Zettel ans Gesucht- und Gefundenbrett stecken. Meine Frau raubt keiner, auch wenn sie Sabine heißt, der Frauenhändler würden höchstens sagen, guter Mann, das nächste Mal kommen Sie aber eher.

Phase zwei führt mich ins Schlafzimmer. Die Kleiderschranktür steht offen. Unten zwei Füße. Die Latschen kenne ich. Vielleicht ist sie das. Bei unserem ersten Kleiderschrank waren zwei große Spiegel außen. Der hier hat nur noch einen innen. Beim letzten verzichten wir ganz, gibt's bei IKEA, spiegelfreie Seniorenkleiderschränke, da wirst du früh nicht mehr so erschreckt.

»Hier bist du«, sage ich. »Wer ist Franz, und was hat er gegessen?«

»Wir haben den Kranz vergessen«, sagt sie, »den musst du noch holen, die machen um sieben zu. Morgen ist die Beerdigung von Tante Elsa.«

»Tante Elsas Beerdigung?«, frage ich, »da waren wir doch vor zwei Wochen.«

»Das war ihr Mann.«

»Du holst mich aber nicht nach, wenn du stirbst!«

»Nee«, sagt sie, »ich will dann mal meine Ruhe.«

»Wo soll ich denn den Kranz holen?«

»In unserem Blumenladen.«

»Wir haben einen Blumenladen?«

»Ich meine den, wo wir immer Blumen holen.«

»Der ist doch in der Stadt!«

»Wir auch.«

»In der Innenstadt. Da muss ich das Auto in Cottbus parken und den Rest laufen.«

»Fahr mit dem Rad. Wetter ist gut.«

»Wenn ich um die Zeit mit dem Rad fahre, brauchst du vielleicht zwei Kränze.«
»Du wirst doch nicht gleich beerdigt, kann ich mich morgen kümmern.«
»Aber wenn ich zurückkomme, ist der Parkplatz vorm Haus weg.«
»Dann fährst du halt noch mal nach Cottbus.«
Ich entscheide mich fürs Auto. Ich will keinen Fahrradhelm auf meinem Grabstein. Dann bin ich weg. Als ich aus der Haustür komme, hockt auf der obersten Stufe der Brettschneider. Der wohnt schräg unter uns, bezeichnet sich als Umweltaktivist, obwohl er ziemlich fett ist, wahrscheinlich macht er nur Sitzblockaden. Er stellt gerade einen Karton in die Ecke und sagt, ich solle aufpassen! Heute hat er gar keinen fairen Kaffee in der Hand, so ohne Coffein und aus der Region. Hinterher frisst er wahrscheinlich den Becher und kackt nachhaltige Pappkartons in die blaue Tonne. Er verzichtet auch auf Tüten und Taschen und Beutel, trägt den Einkauf möglicherweise in einer seiner schrecklichen Bauchfalten.
Ich sage: »Herr Brettschneider, wenn Sie Müll haben, die Tonnen stehen immer noch hinterm Haus.« Ich könnte platzen. Auf dem Karton steht »zu verschenken«. Ich sage dreimal, ich bin tolerant, ich bin tolerant, ich bin tolerant.
Drinnen liegen eine gelbe Vase, ein Plüschwürfel, ein vertrockneter Adventskranz, ein Helene-Fischer-Schlüsselanhänger und ein violetter, linker Kinder-

schuh. Der Brettschneider keucht und glotzt zu mir hoch. Das sei kein Müll, sagt er, die Sachen wären noch gut für die, die gar nichts haben.
Ich nehme den Kinderschuh, es ist ein rechter, und sage: »Hoffentlich, Herr Brettschneider, fehlt dem Kind, das sich über Ihren Schuh freut, nicht gerade der rechte Fuß.«
»Es gibt genug Mütter«, sagt er, »die drei Jobs haben und kein Geld für Kinderschuhe.«
»Und wenn die acht Jobs hätten, den Chefs Geld geben müssten, damit sie arbeiten dürften, zu allen drei Mahlzeiten Gras fressen und Regenwasser saufen, Herr Brettschneider, niemand, keiner zieht seinem Kind, selbst wenn er es nicht mag, diesen Schuh an.«
Von meinen drei tolerant war eins völlig weg, die beiden anderen halte ich fest, wobei das zweite schon schlecht zu greifen ist.
»Genau so reden die Reichen«, sagt er. »Was macht es denn bei einem Kind, wenn der eine Schuh nicht zum anderen passt?«
Da ist es passiert, das letzte tolerant ist futsch. »Gestern, Herr Brettschneider«, sage ich, »habe ich drei Haustüren weiter einen Karton mit Hirn gesehen, für die, die gar keins haben.«
Als er meinen gutgemeinten Hinweis begreift, bin ich schon weg, sein Gemecker geht im Straßenlärm unter. Der Brettschneider könnte wirklich was für die Umwelt tun, wenn er sich selber in die Tonne drückt. Ich konzentriere mich wieder und stelle mir die Fragen aller

Fragen: Wo ist unser Auto? Ich rufe meine Frau an.
»Hast du unser Auto gesehen?«
»Nee«, sagt sie, »warte mal, nee, hier oben ist es nicht.«
Ich komme an einem Skoda vorbei, aus dessen offenem Seitenfenster qualmt es dick und weiß. Das Auto brennt, denke ich, zum Glück habe ich eine Wasserflasche für meine Scheibenwischanlage dabei, drehe den Verschluss ab und kippe alles in das offene Fenster.
Das Brandopfer ruft: »Was machsten du!«
»Bleiben Sie ruhig«, rufe ich, »die meisten Opfer gibt's wegen der Panik, reichen Sie die Kinder raus und vielleicht Ihre Frau!«
Der Fahrer ist verstummt. Verbrannt, nehme ich an. Doch als sich der Rauch verzogen hat, sehe ich ihn, wie er sich über Hemd und Hose wischt, in der rechten Hand hält er einen Apparat, der qualmt noch.
»Wirf den Brandherd auf die Straße«, rufe ich, »ich suche nach weiteren Glutnestern.«
»Das ist eine E-Zigarette«, sagt er. »Warum kippst du Wasser in mein Auto?«
»Ich dachte, du brennst.«
»Du Rindvieh, geh weiter.«
Das mache ich dann und denke, es gibt so Leben, die sollte man ableben lassen, wenn's wieder irgendwo brennt, gehe ich vorbei.
Mein Auto hat sich noch nicht gemeldet. Ich muss auf die Seite hüpfen, denn es kommt ein vielbemanntes Gefährt auf mich zu. Wahrscheinlich ein Fahrrad, nicht erkennbar, weil gefühlte siebzehn Kinder drauf, da-

neben, dran, dahinter und davor in irgendwelchen Käfigen und Kisten und Körben hocken. Als die Zugmaschine vorbei ist, folgen noch zwei Anhänger. Ich denke, die Zugmaschine hat so viele Kinder zur Welt gebracht, weil sie mit neunzig Prozent Verlust rechnet. Meeresschildkröten machen das auch so. Dass die Kinder zu Hause noch vollzählig sind und unversehrt, wage ich zu bezweifeln. Sie nicken mit ihren kleinen Köpfen im Takt wie siebzehn Kolben eines Motors, wegen der schrecklichen Pflastersteine. Leidest du so dermaßen in deiner Kindheit, stellst du später Kartons mit linken Kinderschuhen vor deine Haustür.
Da meldet sich mein Auto. Meine Wasserflasche ist leer, die kann ich getrost verschenken und stelle sie vor die nächste Haustür. Ich komme nicht an mein Auto ran. Daneben steht ein verbeulter Opel Corsa, die Fahrertür weit auf. Eine ältere Dame steht mitten auf der Straße und wedelt mit ihrem Stock. Zwei kommende Autos stoppen. Hintenrum kommt ein gebeugtes, altes Männlein. Ich nehme an, es ist der Mann der älteren Dame. Die sperrt den Stadtteil großräumig ab, damit der Patient seine Gehhilfe ausparken kann. Er steht lange an der offenen Autotür. Dann fällt ihm wieder ein, was er will. Er lehnt seine zwei Krücken an den Kotflügel, dreht sich unendlich langsam um die eigene Achse, röchelt und lässt sich rücklings auf den Fahrersitz plumpsen. Nun habe ich Gewissheit, man hofft ja immer wieder, doch die Mumie ist der Fahrer. Vor der Absperrdame stehen bereits vier Autos. Der Respekt vorm Alter

geht schnell gegen Null. Sie hupen. Der Herr, dessen Beine noch immer draußen auf der Straße stehen, greift seine Krücken und will sie zu sich hineinziehen, hochkant, dann quer, keine Chance. Ich sage, das geht nur bei einem Transportflugzeug, hier musst du die Krücken längs nehmen. Er schmeißt die Krücken auf die Rückbank. Dann zerrt er sein rechtes Bein am Hosenbein in den Fußraum, dann das linke, dann keucht er und ist ganz blau im Gesicht. Unterdessen schwebt seine Frau in Lebensgefahr. Der erste in der Warteschlange hat den Fuß zwar noch auf der Kupplung, aber sein Gesicht sagt, dass Geduld Grenzen hat. Ich gucke in den Opel, weil sich die sterbliche Hülle des Fahrers nicht mehr bewegt. Er starrt nach vorn. Leichenstarre, geht's mir durch den Kopf, da ist er doch schon länger tot. Gerade als ich an die Scheibe klopfen will, jault der Motor auf, das Auto springt aus der Lücke, ich beiseite, die Gattin auch, klammert sich an ihren Stock, der Opel hat sie nur um Haaresbreite verfehlt. Bei uns im Viertel sterben die Frauen eher. Der vorderste Fahrer steckt den Kopf aus dem Fenster und schreit, jetzt steig endlich in die Urne, meine Frau kriegt ein Kind, da will ich wenigstens die Jugendweihe erleben!

Ich überlege seit ein paar Minuten, warum ich hier bin, warum ich das Auto brauche. Ein paar Brocken purzeln mir durch den Kopf. Franz, Blumenladen, Kranz, den Kranz, ich soll einen Kranz holen, gucke auf die Uhr, Scheiße, zehn vor sieben, hat nicht irgendjemand gesagt, dass der Blumenladen um sieben zumacht, das ist nicht mehr zu schaffen. Mir ist aber, als hätte ich heute schon mal einen Kranz gesehen, gar nicht so weit weg. Ich gehe die Straße wieder hoch. Vor der Haustür riecht es immer noch nach Brettschneider. Jetzt fällt's mir wieder ein, der Karton steht da, drinnen der Kranz. Mensch, denke ich, der geht noch, meine Frau wird zwei Tage nicht mir reden, doch die sagt sowieso immer dasselbe. Der Kranz ist kein Kunstwerk, das war Tante Elsa aber auch nicht, also, ich nehme das Ding, es staubt, zweimal gegen die Mauer geklopft, jetzt hat's auch wieder Farbe, nicht schlecht, finde ich, für die, die gar keinen haben.

50Plus

Wir waren neulich in einem Wellnessbad.
Meine Frau geht gern in die Sauna. Ich nicht. Als sie mich fragte warum, habe ich gesagt, weil die Leute dort alle nackt sind, ich in der Schwitzkammer hocke, wo es eng ist, wenig Luft bekomme, mich fürchte zwischen all der fremden, alten Haut, die Tür verrammelt ist und es nicht mal ein Fenster gibt.
In der Sauna seien nun mal alle nackt, sagt sie. Woraufhin ich sage, dass man auch dort eine Kleiderpflicht einführen müsse. Aber sie meint – was nicht der Punkt ist –, dass die Sauna gesund sei, und ich sage, ich sei gesund, und sie sagt, ich hätte wohl Angst vor den Nackten, und ich frage, du wohl nicht? Ich dürfe nicht den-

ken, sagt sie, dass die Zeit an mir spurlos vorübergegangen sei, und ich erwidere, dass ich das nicht denke, dafür tun das die anderen, die sich zusammenrotten und ausziehen, obwohl sie wissen, dass sie mittlerweile voller Spuren sind, worauf sie sagt, dann geh schwimmen, nimm ein Buch mit, halte dich zurück und vor allem deinen Mund.

Sie richtet sich in den Wellness-Gruselkammern immer gleich so häuslich ein, breitet sich aus, legt, schiebt und zieht, als würden wir den Rest des Jahres bleiben oder ganz einziehen. Mir graust es immer vorm nächsten Mal, irgendwann könnte sie auch noch unsere Möbel mitnehmen.

Heute fängt alles schon am Anfang an. Es ist nämlich gerade 50Plus Tag, was heißt, dass alle Menschen ab dem fünfzigsten Lebensjahr weniger Eintritt bezahlen müssen. So glücklich habe ich meine Frau nicht mal zu unserer Hochzeit erlebt.

Die Schlange der Plus-Menschen zeigt mir, wie abgelebt unsere Welt wirklich ist. Doch meine Frau, immer schon härter im Nehmen als ich, hat für das Siechtum der Menschheit tatsächlich ein Lächeln parat und sagt zu mir, lach doch mal. Dann sind wir an der Reihe.

Die Dame am Einlass winkt die Leute durch. Ich lasse mir Zeit und krame meinen Ausweis aus der Tasche, weil ich denke, das muss doch kontrolliert werden. Ich kann genug Leute aufzählen, denen man Mitte dreißig die 50Plus ohne weiteres abkaufen würde. Meine Frau ist durch, ich möchte meinen Ausweis vorzeigen. Aber

der Einlass guckt mich nur kurz an, also richtig kurz, und winkt. Ich bleibe stehen und frage: Wollen Sie meinen Ausweis nicht sehen?
Warum?
Ich könnte doch zweifelsohne unter fünfzig sein.
Wohl kaum, sagt die Dame und winkt.
Ich denke nicht dran, dem Winken auch nur einen Zentimeter zu folgen, bleibe und frage: Woher nehmen Sie sich das Recht, mich auf 50Plus zu schätzen? Jeder andere hätte den Ausweis verlangt, um genau nachzusehen, ich hätte dann wie immer gesagt, machen Sie sich nichts draus, geht allen so. Sie sind die Erste, die …
Plötzlich spüre ich etwas in der Seite, der Ellenbogen meiner Frau. Sie sagt, es reicht.
Nachher liegen wir auf weißen Plastikliegen, unbequem, auch mit Badetuch, so viel zur Wellness. Ich setze die Brille auf, nehme mein Buch in die Hand und denke, auf dass die Wellness schnell vergehe. Bevor ich zum Lesen komme, gucke ich mich um, versuche, wieder mal oder immer noch, den Menschen als Individuum zu begreifen, gerade hier, wo er kaum noch zu begreifen ist, sich nicht scheut, umherzuwandeln so wie Gott ihn erschuf. Nein, er tut, als sei er allein auf der Welt.
Es sind mehr von denen geworden, die du nicht übersiehst, an denen du auch nicht mehr vorbeigucken kannst. Also ich bin der Meinung, wo früher zwei gelaufen sind, passt heute nur noch einer hin. Nur um das Lieblingsargument meiner Frau, die inneren Werte

eines jeden betreffend, gleich zu entkräften: innen sehe ich erst mal nichts. Innen ist Vermutung. Außen ist Gewissheit, und die sticht ins Auge. Ich bin als Angucker geboren, gucke meist auch nicht mehr rein, wenn's draußen schon schlecht losgeht.

Nachdem wir ein paar Bahnen geschwommen sind, verschwindet meine Frau in der Sauna. Ich beziehe meinen Beobachtungsposten, klappe das Buch auf und schiele über den Rand. Bei der jungen Familie, die an mir vorbeiläuft, ist nur das Baby nicht tätowiert, hinterdrein stapfen zwei Teenager, die ich Pommes und Frites taufe, nachher schleppen sich hauptsächlich Doppelherz-Abhängige durch die Landschaft. Von der Sorte kommt auch gleich ein Pärchen um die Ecke.

Er steckt tief in einer bis zur Brust gezogenen, schwarzweiß gestreiften Kastenbadehose. Sie trägt einen cremefarbenen Bandeau-Bikini wie den gescheiterten Versuch, eine Planierraupe in ein Tempotaschentuch zu wickeln. Als die knapp vorbei sind, lese ich auf ihrem Hintern: Wild Thing, was sie auch in mehreren Sprachen hätten aufdrucken können, Platz genug wäre gewesen. Als meine Frau zurückkommt, fragt sie mich, warum ich plötzlich lache, ob das Buch so lustig sei, und ich sage, ja, vor allem die Bilder. Als sie wieder verschwindet, legt sich ein Herr auf die Nachbarliege. Nach einer Weile sagt er zu mir, dass er sich nach einer Sauna wunderbar fühle, guckt mich an und meint, ich würde gestresst aussehen und solle mir den nächsten Aufguss nicht entgehen lassen, Finnsa Melisse, durch-

weg vegan, vor allem meine Haut würde es mir danken.
Ich weiß gar nicht, wie mir wird. Erstens, sage ich, interessiert mich ihr Befinden wie der Reissack, der in China laufend umfällt, zweitens, meiner Haut muss nichts guttun, meine Haut ist gut, drittens, Sie haben schreckliche Hornhaut an Ihren komischen Füßen, mit Ihrer schrecklichen Hornhaut an den Füßen könnten Sie barfuß in einem Hochofen spazieren gehen.
Da schluckt der Saunist, starrt und sagt nichts. Das sind mir die Liebsten, andere Leute kritisieren und dann das Maul halten. Da bin ich ganz anders. Ich sage, vergessen Sie Ihren Aufguss nicht, und hüpfe noch mal ins Becken, nehme mir zehn Bahnen vor, doch nach den ersten Zügen dümpeln sie schon vor mir vor sich hin, die Knitterbojen mit diesen Badekappen, die aussehen wie Blumenkohl oder Kopfsalat, natürlich paarweise, da wäre sogar der Suez-Kanal zu eng! Und ich habe wieder keinen Torpedo dabei, kann nur rufen: Hallo! Keine Reaktion. Ich schlucke zwei Bugwellen, muss husten, mich an den Rand retten. Als ich wieder Luft kriege und meine Augen nicht mehr tränen, sehe ich über mir zwei rote Gestalten, vermutlich das Rettungspersonal. Hätte ich auf Anhieb nicht vermutet. Steht aber tatsächlich auf deren Rücken. Der eine, der ein Mann sein könnte, ist höchstens 1,60 Meter, hat den Ansatz eines Buckels und den linken Arm in der Schlinge. Neben ihm posiert Melanie, den Namen trägt sie auf einem Schild um den Hals. Melanie hat einen

sehr langen Pferdeschwanz, länger als bei einem Pferd, auch solche Wimpern, nur die Beine sind wesentlich kürzer als bei einem Pferd, erst ab der Hüfte wird Melanie wieder Pferd. Die Patienten hier haben die besten Jahre hinter sich, da würde ich als Unternehmen zuerst am Rettungspersonal sparen. Keinesfalls würde ich davon ausgehen, dass der kurze Bucklige und die Melanie irgendwann irgendjemand lebend aus dem Wasser ziehen.

Ich setze mich auf den Beckenrand und beobachte eine Schulklasse, die sich an den beiden hinteren Bahnen einfindet. Irgendein großer Kerl steht dazwischen, gestikuliert, redet aber anscheinend mit sich selbst, könnte der Lehrer sein. Ein paar der Kinder, die ich auf zehn, elf Jahre schätze, fallen ins Wasser, als hätte man sie erschossen, ein paar tauchen auch wieder auf, da müsste man nachzählen. Wer es geschafft hat, planscht und spritzt und gurgelt. Sollte uns demnächst doch jemand überfallen, denn was wir reichlich haben, sind wenig Freunde, braucht er bloß drei Eimer Wasser mitzubringen.

Draußen auf der Bank fläzt noch so ein McDonald's-Brummkreisel. Als der Schwimmlehrer, der doch nicht mit sich selbst geredet hat, ihn auffordert, mitzumachen, mault er, er hätte keinen Bock. Ich hätte den Klops in Helsinki an einen Tanker gebunden und bis Shanghai nicht mehr nachgeguckt.

Als ich zu meiner Liege zurückgehe, liegt auf der Nachbarliege ein Handtuch. Ich werfe den Lappen auf die nächste Liege, weil ich auf Nachbarn keine Lust habe, da kommt der Melissengeist mit seiner Frau aber schon angehechelt. Alter unbestimmt, eher obere Grenze, sie dafür knapp rosa geschürzt, seine Badehose ist zwischen Bauch und Oberschenkel nicht zu sehen, vielleicht ist da auch keine.

Das ist unser Badetuch!, trötet Frau Marzipanelefant.

Ist runtergefallen, sage ich, außerdem würde ich mich nicht neben mich legen, habe da einen gefährlichen Virus, der ist richtig ansteckend.

Zum äußerlichen Dilemma dieser Generation kommt hinzu, dass die alles glauben, was man ihnen erzählt. Enkel, die anrufen, weil sie schnell mal zwei Millionen brauchen, erholsame Buskurzreisen nach Indien, den Wetterbericht und dass es der Regierung ums Volk geht.

Ohne mich eine Sekunde aus den Augen zu lassen, raffen sie gemeinsam das Handtuch, und die rosa Gewitterfront zieht weiter, während ich ihnen noch einen angenehmen Aufenthalt wünsche.

Gleich darauf setzt sich eine einzelne Dame auf den Rand der Nachbarliege. Die kann ich nicht auf die nächste Liege werfen.

Sie trägt einen breiten, beigen Hut, vielleicht will sie zum Pferderennen, denke ich, doch sie blickt zu Boden, schüttelt dabei den Kopf, guckt hoch, starrt mich an und sagt: Es ist furchtbar.

Geht es Ihnen nicht gut, frage ich.

Ich hasse diese Einrichtungen, sagt sie.

Ich denke, da musst du jetzt mal nachhaken, setze mich ihr gegenüber und sage, das Schlimmste sei die Sauna. Mein Mann schleppt mich immer hierher.
Bei mir ist es meine Frau.
Und diese Person am Einlass winkt mich, ohne mit der Wimper zu zucken durch. Sagen Sie, sagt sie, sehe ich vielleicht aus wie 50Plus?
Gott bewahre, entgegne ich.
Sie lächelt.
Wenn Sie das tröstet, bei mir hat diese Person auch gewunken.
Das ist nicht Ihr Ernst, sagt sie, gerade bei Ihnen hätte ich aber genau nachgesehen.

Hackepeterbrötchen

Ich komme gerade aus der Küche und will auf den Balkon. Dort trinke ich Kaffee und rauche eine. Kaum sitze ich, klingelt das Telefon. Es ist um achte. Entweder die Telekom ruft an, um Bescheid zu geben, das Telefonieren gar nichts mehr kostet, oder es ist das Krankenhaus. Meine Schwiegermutter hat nämlich gestern Abend eine Gallenoperation gehabt, mit 77, da kann man morgens schon mal tot im Bett liegen, das Krankenhaus ruft ja gleich bei jeder Kleinigkeit an. Lass es klingeln, denke ich, die Telekom lügt sowieso, und wenn die Schwiegermutter tot ist, hat das auch bis nachher Zeit.

Vielleicht ist es ja meine Frau, aber die hat auch Zeit. Die Doris ist mit ihrer Freundin Bernadette heute früh zeitig nach Italien aufgebrochen. Bernadette will den Papst sehen, gar nicht mal Italien.
Doris fragte, ob ich mitkäme. Was will ich denn in Italien, habe ich gesagt, hier stehen auch alte Leute auf dem Balkon. Bernadette hat mit dem Finger auf mich gezeigt und die Oberlippe gerafft wie ein Kamel. Die konnte mich von Anfang an nicht leiden, ist aber gegenseitig, die ist auch noch katholisch und Pflanzenfresser, da gehe ich auf Abstand. Sie trägt noch dazu eine Haarklammer aus Sorgenpüppchen, die hat aber kaum etwas zu klammern. Das Ding hatte sie aus Guatemala mitgebracht, sie hätte dort bleiben sollen, da wäre die weg. Also, die Indianer trügen dort Sorgenpüppchen-Haarklammern, hat sie erzählt. Ich tat meine Meinung gleich kund. Die Bernadette fragt jetzt vor der Tür die Doris, ob ich da bin. Wobei ich sagen muss, eine, die den ganzen Tag Salatblätter kaut, muss ich mir nicht jede Woche angucken.
Die Sorgenpüppchen-Haarklammer sieht richtig bescheuert aus, also genau, wie sie heißt. Ich habe gesagt, Bernadette, die Indianer, die sieht keiner, wenn sie mit dem Ding durch ihren Wald hüpfen, dich schon, wir sind hier in der Zivilisation, nimm fünf Euro mehr mit und gib dem Friseur eine Chance.
Bernadette arbeitet in so einem Weltladen, dort hat Doris sie kennengelernt. Als Bernadette das erste Mal hier war, hat sie ein Zeug erzählt, als würde der ihr

Ramschladen Frieden schaffen und die Weltbevölkerung ausreichend ernähren. Meiner Meinung nach braucht die eine Haarklammer aus Psychologen. Nach der Wende hatte irgendein brotloser Künstler aus dem Westen, war ja damals in Mode, ein Mahnmal für die Opfer der Stasi zusammengeknetet und bei uns in der Stadt aufgestellt: einen Kerl mit einer riesigen Aktentasche, stand VERHÜLLUNG unten drunter. Ich dachte zuerst, die hätten ein neues Ledergeschäft aufgemacht und bin extra in die Stadt gefahren, wegen einer Aktentasche. Tatsächlich aber stand neben dem Ding die Bernadette mit einer Kerze in der Hand. Da bin ich aber hin und habe sie gefragt, ob es in dem Laden außer Taschen auch Kerzen gäbe und was sie die Stunde kriegt und ob sie, wenn sie, wie ich weiß, 87 geboren ist, irgendeine Ahnung von irgendwas in der DDR hätte. Sie hat mich ganz böse angestarrt, die Kerzenhand hochgestreckt, sah aus, wie die Freiheitsstatue aus der Gemüseabteilung, und gesagt, ich stehe für die Freiheit hier, du bist immer noch ein Lakai der Diktatur, ihr seid die Totengräber der Geschichte!
Und ihr, sagte ich, ihr seht nicht nur so aus, ihr seid die Leichen der Geschichte!
Da hat Bernadette losgequiekt und endlich mal Farbe im Gesicht gehabt. Ich habe natürlich nichts verstanden, weil sie nuschelt, selbst wenn sie quiekt. Zu allen Ärgernissen, die die Frau mit sich rumschleppt, kommt, dass die ihre Zähne nicht auseinanderbringt. Ich denke, dass der ihre Kaumuskeln verkümmert sind, weil sie

ihr Essen nicht abbeißt und kaut, sondern mit den Lippen rupft und verschlingt.
Als sie nach Italien wollten und ich ihnen die Koffer zum Taxi tragen musste, hörte ich Bernadette sagen: Doris, stell dir mal vor, der Pontifex segnet uns.
Ich will ja den Leuten immer helfen, wenn sie Mangelerscheinungen zeigen, keine Ahnung, wer der Polilux sein soll, noch vor zehn Minuten wollten sie zum Papst, beim Vegetarier geht ja zuerst der Kopf kaputt, hauptsächlich das Sprachzentrum, denen fehlt Vitamin B12. Ich habe Bernadette gleich gefragt, ob sie ein Hackepeterbrötchen möchte, so als Notfallversorgung, das Brötchen wäre erst drei Tage alt, Salat welkt ja, aber Hackepeter kannst du immer essen, da schrie sie: Geh weg, geh weg!, als wär ich Jack the Ripper bei der Arbeit.
Das Telefon klingelt schon wieder. Mir fällt noch ein, dass das vielleicht die von RTLII sind, die haben vorige Woche in ihrer Sendung »Extrem schön - endlich ein neues Leben« eine Preisfrage gestellt. Was frisst ein Hund? A: Hundekuchen, oder B: Mutterkuchen. Mutterkuchen ist irgendwas Ekliges, das fressen die nicht, dachte ich und rief an. Hundekuchen, sagte ich und meine Adresse. Zehn Tage Mallorca gebe es zu gewinnen, für zwei Personen, all inclusive, meine Frau muss ich nicht unbedingt mitnehmen, es hieß, eine Person ihrer Wahl. Ich frage nachher mal die Postfrau, die mit den langen Beinen, ob sie mit mir nach Mallorca fährt.
Plötzlich klingelt's an der Tür. Vielleicht kommt das Fernsehen persönlich, mir meinen Gewinn zu überrei-

chen. Als ich aufmache und filmreif lächle, steht meine Frau da und schreit mich an, Mensch, warum nimmst du denn das Telefon nicht ab! Hinter ihr sitzt Bernadette auf einem Koffer, noch bleicher als sonst, irgendwas fehlt auf ihrem komischen Kopf. Wo ist denn deine Sorgenpüppchen-Haarklammer, frage ich mit der notwendigen Besorgnis. Hör auf zu quatschen, fährt mich Doris an und zerrt Bernadette in die Wohnung.
Ich frage, ob der Papst vom Balkon gestürzt sei.
Der Bernadette geht's nicht gut, sagt Doris, wir waren bis jetzt auf dem Flughafen, sie will nicht ins Krankenhaus, wir wissen auch nicht, was es ist. Jetzt rufe den Doktor Schröder an, der soll mal gucken.
Doris hilft der Bernadette aufs Sofa, deckt sie zu. Hat die kein Zuhause, frage ich. Doch, sagt Doris, aber jetzt bleibt sie hier, sie hat niemand, der sich kümmert. Woran das wohl liegt, sage ich. Bernadette guckt an die Decke. Ich gucke sie an und sage, du bist ja richtig grün, kommt vom vielen Chlorophyll. Sie sagt irgendwas, ist mehr ein Röcheln, Nuscheln und Röcheln, da kann ich wieder nur vermuten. Ich beuge mich runter und frage, was hast du gesagt? Eine der wirksamsten lebensspendenden Substanzen, purpurrot, sagt sie und japst. Chlorophyll ist doch grün, nicht purpurrot, sage ich.
Sie hat Vollidiot gesagt, fährt mich Doris von der Seite an und setzt sich zu Bernadette.
Ich könnte eine schöne Fleischbrühe machen, biete ich an. Bernadette hat's gehört, verdreht die Augen und würgt. Doris schreit, schnell, hol einen Eimer!

Ich renne los, wo sind die Eimer, im Badezimmer, wir haben zwei, ich frage, den blauen oder den roten! Der macht mich wahnsinnig, ruft Doris.
Es klingelt. Ich nehme alle beiden Eimer und gehe zur Tür. Jetzt bring den Eimer her, ruft Doris. Ich mache die Tür auf. Der Doktor. Der stürmt an mir vorbei, murmelt irgendwas, ich kann die Ärzte alle nicht leiden, die setzen Toten Hüftgelenke ein und grüßen nicht. Ich renne mit den Eimern hinterher, doch Bernadette hat schon auf den Teppich gekotzt, und meine Frau sagt, o Gott, der bringt wirklich alle beiden Eimer!
Ein Stückchen hin fängt meine Frau an zu lachen. Der Doktor packt seine Tasche und lacht auch. Ich denke, was für eine lustige Gesellschaft, da liegt jemand im Sterben, und die lachen sich alle tot. Ich gucke, die Bernadette sitzt, nimmt irgendetwas ein und hat Tränen in den Augen. Meine Frau ruft mir zu, Bernadette ist schwanger. Ich denke gleich, wie hat sie denn das angestellt, bei mir hält sich die Freude in Grenzen, das Baby wird wahrscheinlich grasgrün, die Mama wird loslaufen, um ihm eine klitzekleine Sorgenpüppchenhaarklammer zu besorgen, wahrscheinlich wird das Kind größer, lutscht bis vierzehn Rhabarberstengel, wird den Kindergarten wegen der Plastikstühle verklagen und denken, der Papst kann zaubern.
Der Doktor geht so großspurig, wie er gekommen ist. Ich halte ihm die Tür auf, und als er raus will, mache ich sie wieder zu.
Doris rennt zur Apotheke. Ich frage Bernadette, ob sie

was will. Sie sitzt auf der Sofakante, guckt ihren Bauch an und grinst. Also, Bernadette, frage ich, wie ist denn das passiert. Plötzlich beginnt die Bernadette ganz heftig zu atmen, verdreht die Augen und zischt: Geh!
Gut, denke ich, ich wollte ihr nur zur Seite stehen, aber wer nicht will, der hat schon.
Ich setze mich wieder raus auf den Balkon, hier kann ich am besten nachdenken, und ich denke, wer keine Hackepeterbrötchen mag, der sollte allein bleiben.

Von Dänen nicht

Paulus und Hinkel hatten sich am Frühstücksbuffet bedient und balancierten mit Tellern und Tassen zu dem Tisch, den sie gestern nach ihrer Anreise entgegen der von der Hotelleitung aufgestellten Sitzordnung besetzt hatten und auch schon verteidigen mussten. Paulus, stattlich, mit vollem Silberhaar, marschierte voran. Er war Offizier der Nationalen Volksarmee, voranzumarschieren lag ihm im Blut. Hinterdrein latschte Feldwebel a. D. Hinkel, der langjährige Reisepartner, Chef der Essensausgabe einer unbedeutenden Versorgungseinheit, also militärisch, zumal für Paulus, nicht erwähnenswert. Vom ersten Tage an hatten sie auf demselben Militärstützpunkt gedient. Da gab es eine Menge Gemeinsamkeiten, Interessen, Themen und Fragen, zuvorderst jene immerwährende, die auch gestern wieder zur Diskussion stand, warum ihre so schlagkräftige

Armee vierzig Jahre lang Waffen gekauft, gebaut und gewartet hatte, ohne sie abgefeuert zu haben? Warum habe man die Vorgänge um 1989 nicht verhindert, die schmierige Hand des Gegners ausgeschlagen, hätte doch der westdeutsche Heuchler, so Paulus in mitternächtlichem Schlusssatz, gar keine Hand gereicht. Händereichen wäre ja nach wie vor, was philosophisch bewiesen und historisch belegt sei, gegen dessen verschlagene Natur.
Um an ihren Frühstückstisch zu kommen, mussten sie durch zwei Salons, und als sie ihre Plätze erblickten, stoppte Paulus so abrupt, dass Hinkel beinahe aufgelaufen wäre. Paulus stand wie angewurzelt. Hinkel balancierte die Kanne. Beide starrten entsetzt zu ihrem Tisch hinüber. Dort saßen genau zwei mal zwei fremde Zivilisten, kauten auf Brötchen, schlürften Kaffee und lispelten so selbstverständlich in ihrer albernen Fröhlichkeit, dass es eine Art hatte. Zungen, die gegen Schneidezähne stießen, waren nichts Neues, hatte Paulus öfter gehört, aber Zungen, die mit Schneidezähnen dermaßen auf Kriegsfuß standen, gab es nur einmal, so als versuchten sich Menschen zu unterhalten, die nie richtig sprechen gelernt hatten und ein Taschentuch brauchten, um ständig ihr vollgesabbertes Gegenüber abzuwischen. Paulus fand als Erster die Sprache wieder und sagte: »An unserem Tisch hocken Dänen!«
»Woher wollen Sie das wissen?«, fragte Hinkel.
»Diese Sprache« entgegnete Paulus, »die vergisst man nie, hat man sie einmal hören müssen! Breitgeklopfte

Vokale, gehechelte Konsonanten, keine Satzzeichen und diese Feuchtigkeit, die spüre ich bis hier! Meine Frau hat mich mal nach Dänemark geschleppt. Urlaub machen. Grauenvoll!«

Die Tischbesetzer lachten laut. Sie schienen sich doch tatsächlich ihres Lebens zu freuen, selbst an dem Tisch, der ihnen nicht gehörte. Paulus beugte sich zu dem viel kleineren Hinkel hinab und zischte: »Bei uns geht man damit zum Arzt, dort ist das die Muttersprache!«

Hinkel wollte Jawoll brüllen, besann sich aber darauf, dass er außer Dienst gestellt war und stotterte: »Ja, ja, aber …!«

»… was aber?«, widersprach Paulus. »Die sitzen an unserem Tisch! Die letzten vierhundert Jahre hat dieser Haufen lispelnder Angsthasen nur kapituliert. Ein Wunder, dass es die überhaupt noch gibt!«

»Vielleicht«, sagte Hinkel, »nehmen wir erst mal den Tisch dort hinten. Die Kanne wird immer schwerer.«

»Wollen wir uns diesen Verlierern beugen? Nur vorübergehend, im Ernstfall nicht!«

Hinkel war froh, endlich die Kanne abzustellen. Er drapierte Honigbrötchen auf seinen Teller. Paulus frönte mehr dem Deftigen, sowohl bei der Waffengattung als auch beim Frühstück. Er hatte Rührei mit Speck bestellt. Doch die Eier waren fast kalt und der Speck zu glasig, und er polterte: »Scheiß Feldküche!«, kaute widerwillig und verfolgte weiterhin mit Adleraugen die Bewegungen und Geräusche des dänischen Gegners.

»Gucken Sie hin, Hinkel«, sagte er zwischen zwei Bissen, »was die alles fressen! Süßes und Saures! Dass bei der Sprache auch die Esskultur gelitten hat, wundert mich nicht!«
»Die haben ganz spitze Köpfe«, sagte Hinkel, »und die Augen, die sind richtig dick!«
»Der ganze Kopf ist viel zu schmal«, ergänzte Paulus. »Das macht den Gaumen eng, die Zunge kann also nur nach vorn, und dort sind selbst bei Dänen die Zähne. Sämtliches Erbgut dieses Volkes ist Altlast einer schrecklichen Vergangenheit. Seitdem die ihren Felsen dort oben bevölkert haben, sind sie vor allem und jeden, der sein Boot an Land gezogen hat, ausgerissen. Generationen, die rennen mussten und hecheln, das verändert die Mundhöhle, Hinkel, und wie man hört, nicht zum Guten.«
Hinkel dachte, wenn sich wenigstens eine Großmacht breitgemacht hätte in diesem bedeutungslosen, ja fast überflüssigen Land.
Paulus schenkte Kaffee nach und erinnerte sich: »Können Sie sich an das Ende unserer Armee erinnern? Da wäre der Westen doch längst Geschichte gewesen! 4 Millionen Soldaten und Kampftechnik vom Feinsten standen bei uns in den Startlöchern, standen sich die Reifen, die Ketten und die Füße platt! Das eigene Volk hat uns verraten. Hätte uns damals nicht diese Truppe Demenzkranker regiert, und hätten sich im Nachhinein nicht noch die ganzen Friedenshomos aufgespielt! Wir hatten doch tadellose Feindbilder!«

Hinkel nickte.
»Dänemark«, fuhr Paulus fort, »das merken Sie sich, ist ein ganz verlogener Verein! Ich denke, die hatten auch in dieser schrecklichen Wiedervereinigung ihre Finger drin.«
Unterdessen machte man sich am dänischen Tisch zum Aufbruch bereit. Hinkel beobachtete jede Bewegung und sagte: »Die tragen doch Perücken, Paulus, wie Badekappen, die Frisuren!«
»Dänen sind entweder blond oder kahl, alles andere ist künstlich!«
Nachdem sich der dänische Gegner aus dem Staub gemacht hatte, meinte Paulus: »Guck sich einer diese Sauerei an! Wenn ich schon keine Haare habe oder blonde, mich nicht verständigen kann und nicht essen, bleibe ich doch im Hinterland, wo ich nicht auffalle!«
Paulus erhob sich und nahm sein Geschirr. »Kommen Sie, wir setzen uns an unseren Tisch!«
»Ich bin doch gleich fertig«, sagte Hinkel.
»In drei Stunden gibt es Mittag, und wenn die Spitzköpfe kommen, sitzen wir schon dort.«
»Aber Paulus, Sie wollen doch nicht die ganze Zeit ...!«
»... und ob.« Er setzte sich an den Tisch. »Wir haben warten gelernt, Hinkel, keiner kann so gut warten wie wir, und wenn ich meine letzten Jahre an diesem Tisch verbringe. Ich lasse mich doch von denen nicht vertreiben, von denen nicht und gleich gar nicht von Dänen.«

Künstler unter sich

Seitdem ich mich nicht mehr mit meiner Frau beschäftige, denn ältere Frauen, so sagt mein Nachbar Frieder Rosa, seien Gift für jegliche Inspiration, schreibe ich große Romane, widme ihnen den Rest meiner musischen Kraft. Mein ausgesprochenes Talent für die Literatur entdeckte ich, als ich, sozusagen aus dem Bauch heraus, auf Ansichtskarten viel mehr Text unterbrachte als gewöhnliche Menschen. Im Moment mache ich das noch nebenberuflich, gehe jedoch davon aus, mich ohne weiteres bei den großen Romanciers einzureihen, Proust, Fontane, Shakespeare usw.
Gestern überraschte ich meine Frau mit meinem ersten Roman. Sie hat nicht schlecht geguckt, nicht schlechter als sonst, mithin überrascht, wobei mein Nachbar sagt, unbedeutende Leute, die überrascht gucken, machten oft einen bestürzten Eindruck.
»Stell dir vor«, habe ich gesagt, »ich habe einen Roman geschrieben.«
»Du?«, fragt sie.
»Natürlich ich, in nur zwei Jahren. Gestern Nacht fertiggeworden.«
»Ich dachte schon«, sagt sie, »du hörst mir nicht zu, wenn ich mit dir rede.«
»Entschuldige, aber ich kann nicht anspruchsvoll schreiben und mit dir reden, wenn ich das Niveau halten möchte.«
»Niveau«, sagt sie, »verstehe.«

»Das Manuskript umfasst 963 Seiten«, verkünde ich und lege es feierlich auf den Tisch.
»Wovon handelt es?«, fragt sie und verdreht die Augen, fragt nur, schon optisch eine Zumutung, in dieser abgenutzten Höflichkeit, die man nach dreißig Jahren blind durchschaut. Sei es drum, ist ja keiner weiter da.
»Das Buch«, kläre ich auf, »handelt von der Mafia, ist gesellschaftskritisch, unterhaltsam, politisch, dabei immer literarisch und spannend. Es gibt keine Schriftsteller mehr, die das alles zusammen können.«
Sie nimmt das schwere Manuskript und blättert, blättert zurück, liest die erste Seite. Ich bin aufgeregt, warte auf das erstaunte »Ah« und ein bewunderndes »Oh«.
»Komisches Zeug«, sagt sie stattdessen. Schon auf der ersten Seite, was das mit der Kartoffelsuppe auf sich hätte, die Karpaten wären keinesfalls in Südamerika, und Luther könne sich mit Mao Tsetung schon zeitlich nicht in Ulan Bator getroffen haben. »Lass das ja keinen Fremden lesen«, so ihr Kommentar, »ich muss damit rechnen, weil ich dich kenne, andere nicht.« Sie guckt mich an, als hätte ich Soße am Kinn, und meint: »Julius, du bist Pförtner im Bürgeramt, das wird man nicht, weil man mit Talent und einem sprühenden Geist gesegnet ist. Es wird sogar behauptet, man käme dort auch ohne beides ganz gut zurecht. Ehrlich, Julius, die restlichen 962 Seiten möchte ich gar nicht mehr lesen. Ich muss jetzt auch zum Friseur. Warum bist du eigentlich nicht auf Arbeit?«
Ich bin ein zu überragender Charakter, als dass ich

widerspräche. Soll sie zum Friseur gehen. Frauen denken tatsächlich, dass schöne Haare mit dem Kopf was zu tun haben.
»Dieser Roman« – ganz möchte ich es nicht auf sich beruhen lassen – »handelt von der Weltmafia«, sage ich, »die Karpaten sind literarische Freiheit, die Kartoffelsuppe erschließt sich später, und mein Luther ist ein zeitreisender Cyborg, vom Vatikan darauf programmiert, evangelische Kirchentüren mit kommunistischer Werbung zu bekleben, und ich habe die Stelle im Bürgeramt nur angenommen, um nahe am einfachen Bürger zu sein. Für einen Schriftsteller, der vom Leid der einfachen Bürger, also des einfachen Volkes schreibt, ist das Bürgeramt ein nahezu unerschöpflicher Quell.«
»Volk«, wiederholt sie, »geht's ein bisschen kleiner? Was weißt du denn schon vom Volk und der Mafia?«
Ich wollte ihr die Perlen, die ich vor sie hingeworfen habe, entreißen, meine Sachen packen und ausziehen. Doch mein Nachbar, Frieder Rosa, sagte einmal, dass unsereiner zutiefst oberflächliche Menschen in ihrer Finsternis nicht allein lassen dürfe, sondern versuchen müsse, sie mit seinem Licht mitzuerhellen; nütze doch keinem, zögen sich Umnachtete alleingelassen zurück, träfen ihresgleichen Alleingelassene und zeugten vor lauter Frust wieder Umnachtete.
Ich sage also zu meiner Frau, sollte sie essenzielle Fragen zum durchaus komplexen Stoff des Manuskripts haben, auf deren Antworten sie nicht warten könne, müsse ich weiter ausholen.

»Zwei Minuten«, sagt sie, »weil wir uns länger kennen.«
»Gut, ich versuche es«, sage ich. »Es hängt alles zusammen, nicht nur, dass die Kartoffelsuppe längst nicht mehr aus Kartoffeln gemacht wird, das geht schon beim ALDI los, die Mafia, da muss keiner mehr nach Palermo, um Mafiosi zu treffen, in der FIFA, der UNO, dem IOC, der Müllabfuhr, in Kindergärten und der Post, nur um ein paar zu nennen, ist alles bis in seine Grundfesten mafiös. Ich habe unter anderem recherchiert, dass die Camorra sämtliche Olympiaden vor dreißig Jahren aufgezeichnet hat und jetzt für Unsummen abspielt, dass die katholische Gemeinde von Wilkau-Haßlau zur Cosa Nostra gehört und wahrscheinlich auf den Milliarden vom Wire-Card-Skandal sitzt, denn, und jetzt kommt's, der Scholz soll dort Messdiener gewesen sein, so wie unser alter Mielke, der die Ndrangheta gegründet haben soll, sie aber unter dem Decknamen Stasi weiterführte. Ich persönlich glaube auch nicht, dass der tot ist. Die Ndrangheta liefert nach wie vor über private Krankenversicherungen, als Zäpfchen getarnte, panzerbrechende Munition an Luxemburg, welches seit Längerem plant, Frankreich zu überfallen, und zwar unter dem Befehl eines Ururgroßstiefneffen von Rommel, und auf Seite 444 unten gibt's den aktuellen Bezug, und zwar zu Corona, dessen Verbreitung bereits 1782 zwischen Papst Pius VI., den von Goethe angeführten Illuminaten und der, Achtung, Sacra corona unita, merkst du was?, einer Mafiaorganisation

aus Apulien, beschlossen wurde. Sicherlich wirst du dich jetzt fragen, warum gerade der Papst …«
»… nee«, sagt sie, »nicht wirklich.«
»Aber würdest du dich fragen wollen, es ist ganz einfach: Die Mafia hat die Erde an die Außerirdischen verkauft, genau an die, die damals in den Anden notgelandet sind, sich als Inkas ausgaben, und die Erde kaufen wollten, aber möglichst ohne Menschen, da fragte die Mafia, ob sie nicht doch ein paar übernehmen könnten, nee, meinten die Außerirdischen, bei der Sorte wären auch ein paar zu viel. Also hat die Mafia kurzerhand den alten Pius gefesselt und mit Corona infiziert, daraufhin haben ihn die Außerirdischen mit einem Zeitstrahl in unser Jahrhundert geschossen, wo ihn wiederum die Mafia unter dem Decknamen Franziskus auf dem Papststuhl installierte, von dem er locker und fluffig mit seiner Fuchtelei bei Ansprachen, Audienzen und Segnungen das Virus in alle Welt verbreitet. Dazu musst du aber wissen, dass …«
»… nee«, sagt sie, »ich muss jetzt los. Das ist alles richtig komisch, du wirst immer komischer, geh kegeln oder sammle Briefmarken, und vergiss nicht einzukaufen, du hast ja wieder Zeit, Zettel liegt auf dem Küchentisch.«
Typisch Frauen. Banal. Desinteressiert. Friseur. Einkaufen. Wie verdammt alltäglich sie doch sein können, anscheinend habe ich die alltäglichste erwischt.
Ich ziehe meine Jacke an, muss mal raus, hat mir Frieder Rosa geraten, der ist nämlich Komponist, ein sa-

genhafter, wie er mir versicherte. Er kenne das, wenn kleine Räume große Geister gefangen hielten. Mein Manuskript nehme ich mit. Als ich meine Schuhe binde, stellt mir doch meine schlichte Frau tatsächlich die Mülltüte neben die Füße und sagt: »Dass du nicht ganz umsonst gehst!«

Eine Etage tiefer reißt der Frieder plötzlich die Wohnungstür auf, ich wäre beinahe die restlichen Stufen runtergestürzt. Er schreitet wie in Trance auf den Trautes-Heim-Glück-Allein-Fußabtreter hinaus, steht da wie ein Monument, unfrisiert, die Wangen vom Schaffen gehöhlt, den fieberhaften Blick des Genies unter der steil aufragenden Stirn, wandelt er, mit erhobenen, zitternden Händen, alles Obere beschwörend, ruft er:

»Ich, Frieder Rosa, bringe sie zu Ende!«

»Frieder«, sage ich, »beruhige dich, was ist los, was willst du zu Ende bringen?«

»Ich bin so weit, Julius. Ich bin angekommen im Odeon der Jahrhunderte, in dem das Echo der großen Komponisten nie verhallt.«

»Was willst du denn vollenden?«

»Schubert und Beethoven, lieber Julius. Komm rein.«

»Ich muss den Müll runterbringen.«

»Aber Julius«, sagt Frieder überrascht, »du hast doch eine Frau, lass ihr die Dinge, die ein großer Geist verwirft.«

Dann sitzen wir an Frieders Klavier. Die ganze Bude voller Zettel und Notenblätter. »Der Schubert, hier, zum Beispiel«, sagt er, »der hat nicht mehr weitergewusst, vom Scherzo sind nur neun Takte überliefert, damit kannst du nicht weiterarbeiten, hätte ich persönlich doch schon ganz anders begonnen, dann wäre das nicht passiert, das konnte nichts werden. Der Beethoven wiederum, die taube Nuss, war eben auch nicht vollkommen, als Maler ist taub egal, da muss ich sehen können, aber als Komponist, beim Komponieren nur sehen, das reicht nicht, ich habe das ausprobiert, und Julius, eine Selbstüberschätzung, da gibt es in der Klassik regelrechte Muster, wird peinlich und lässt nur Verdrießlichkeit zurück. Aber alles Unvollkommene ist wehrhaft, respektive die Natur, die stets nach Vollkommenheit und Vollendung strebt, wozu sie, lieber Julius, Menschen wie uns schuf, solche, die vollenden.«

»Das ist allerhand«, sage ich.

Frieder Rosa komponiert selbst Klassik und auch Zeitgenössisches. Seine Alltäglichkeit hatte sich voriges Jahr von ihm scheiden lassen, weil er immer komischer werden würde, ein Gerücht, dass im Haus die Runde macht. Mir hat er versichert, er habe sich von ihr scheiden lassen, weil, und das leuchtet mir als Betroffenem ein, der üppige Garten seines künstlerischen Talents, in dem er zu wandeln nun einmal auserkoren sei, nach einer Muse verlange und nicht nach einer Mumie. Seitdem kommt für dreihundert Euro zweimal die Woche eine aus dem Eros-Center, um den Frieder zu inspirieren. Er hat auch schon drei Kilo abgenommen. Inspiration müsse an die Substanz gehen, sagt er. Deine Andrea war aber preiswerter, sage ich. Dirigieren könne

er auch, sagt er, sogar mit zwei Stäben, der Masur hätte nur mit einem gekonnt, trotzdem hätten sie eine Schule nach ihm benannt. Seit geraumer Zeit ginge er beim Gewandhausorchester ein und aus, um dort seine wöchentlichen Choräle und monatliche Requien anzubieten, doch mehr, als dass sie ihm rieten, es doch mal beim Kabarett zu versuchen, sei nicht rausgekommen. Er fühle sich nicht beleidigt, ganz und gar nicht, Julius, sagt er, es sei eher bezeichnend, dass es einem mittelmäßigen Orchester von Natur aus an feinem Gehör fehle, an erforderlicher Brillanz, an Meisterschaft und repräsentativer Bühne, um gerade seine Kompositionen nur annähernd in ihrer musikalischen Fülle und fulminanten Geistigkeit wiedergeben zu können. Im Gegenteil, Julius, wenn ich ehrlich bin, bin ich froh, es einmal nicht bereuen zu müssen, in der Weltpresse zusammen mit einer Laienkapelle genannt zu sein. Außerdem, mein lieber Freund, ist komisch nicht immer negativ belegt.
Frieder hält mir die Notenblätter vor die Nase und sagt: »Jetzt, da mich meine ungebrochene Schöpferkraft dem Himmel sehr nahe gebracht hat, fühle ich mich der Vollendung jedweder Kompositionen, die nach Ganzheit dürsten, gewachsen, mehr als das, ich …« Dann klingelt es Sturm. Frieder rennt nach draußen, die vom Eros-Center hängt ihren Mantel ans Brett, drunter trägt sie nicht viel, mein lieber Mann, der Frieder sagt: »Julius, wir reden später weiter, du kennst das mit der Inspiration, wenn sie da ist, ist sie da.«

»Ich habe einen Roman geschrieben«, sage ich und halte mein Manuskript in die Höhe.
»Später, Julius, später.«
Am Abend habe ich ihm mein Manuskript zum Lesen gegeben. Anderentags sitzen wir wieder zusammen. Er guckt mich an, legt das Manuskript beiseite und sagt: »Julius, um mit meiner Geschiedenen zu sprechen, komisch, wie gesagt, komisch ist heutzutage nicht schlimm, aber dein Text ist zu lang komisch.«
»Du hast das gar nicht zu Ende gelesen«, sage ich.
»Na, hör mal, du bist mein Freund.«
»Von wegen gelesen, über Nacht, das sind 963 anspruchsvolle Seiten, verarschen kann ich mich selber.«
»Julius, dein Buch ist komisch geschrieben, auch stilistisch und vom Inhalt bin ich völlig verschont geblieben, zu viele komische Figuren, der dramaturgische Bogen biegt sich kaum, die Handlungen, bei denen eigentlich niemand handelt, sind hölzern, und die Karpaten liegen nicht in Südamerika, dein Roman endet auf Seite drei oder eher, Julius, du hast keine Ahnung von der Schriftstellerei, entschuldige, aber auch dazu sind Freunde da.«
»Nee, du hast keine Ahnung, und wenn du sagst, ich könne nicht schreiben, sage ich, du kannst nicht mal Hänschen Klein vollenden und alles andere ist Katzenmusik.«
Ich bin dann auch gleich gegangen. Wir haben drei Wochen nicht miteinander geredet. Bis ich eines Tages vor Frieders Tür stehenbleibe, nicht mal wegen ihm, aber wenn du nur mit einer Frau zusammen bist und

auch sonst nur einfache Leute kennst, brauchst du eine niveauvolle Alternative. Ich habe gerade die Hand gehoben und den Finger fast auf dem Klingelknopf, da geht die Tür auf.

»Mensch, Julius, ich wollte gerade zu dir, ich habe noch mal nachgedacht, man muss das sacken lassen, solch einen komplexen Text, vielleicht sollte ich weiterlesen.«

»Ach, Frieder«, sage ich, »deine Musik ist natürlich großartig, und ich bin sicher, der Eindhoven und der Schurig, die würden sich freuen, dass da einer ist, der ihnen ihre Sinfonien fertigmacht.«

»Komm rein, liebster Julius, ich habe gerade das Scherzo ganz verrissen, die konnten ja früher auch nicht improvisieren.«

»Da stimme ich dir zu«, sage ich, »ich habe gerade den Hemingway versucht, da weißt du nicht, hat er mittendrin keine Lust mehr gehabt, hat ihm jemand den Zettel weggenommen, ich könnte so völlig unzusammenhängend gar nicht schreiben.«

»Julius«, sagt er, »ich habe eigentlich wenig Lust, Sachen zu Ende zu komponieren, die von vornherein verkorkst sind. Wir zwei sollten uns zusammentun.«

»Und wie?«

»Ganz einfach, wir machen komische Opern, du schreibst komisch und ich mach die komische Musik dazu, was sagste?«

»Ich weiß gar nicht, ob ich komisch schreiben kann«, sage ich.

»Schreib einfach genau so weiter.«

Eulenspiegel Verlag –
eine Marke der Eulenspiegel Verlagsgruppe Buchverlage GmbH

ISBN 978-3-359-03070-6

Umschlaggestaltung: Verlag, unter Verwendung eines Motivs von Mario Lars

Druck: buchdruckerei.de, Berlin

www.eulenspiegel.com